# 前言

近年来，许多女性对于马甲线的喜爱和追求热度很高，因为目前略有肌肉线条的身材比较符合大众的审美观。我也曾一度为了练出马甲线而努力，这个过程无疑是不易的，但只要掌握了正确的方法并坚持，最终的结果会让我们很有成就感。

本书的内容包括简单的腹部肌肉解剖学知识和简单易行、循序渐进且全面的腹部肌肉练习动作及计划，旨在帮助许多刚开始接触健身或者还没有开始但有想法的女性，先了解身体基本的结构和功能，以及减脂和增肌的基础运动形式，再开始运动并坚持练习，塑造出自己心目中的完美身材！

# 本书视频使用说明

本书提供部分动作练习的在线视频，您可通过微信“扫一扫”，扫描书中的二维码进行观看。

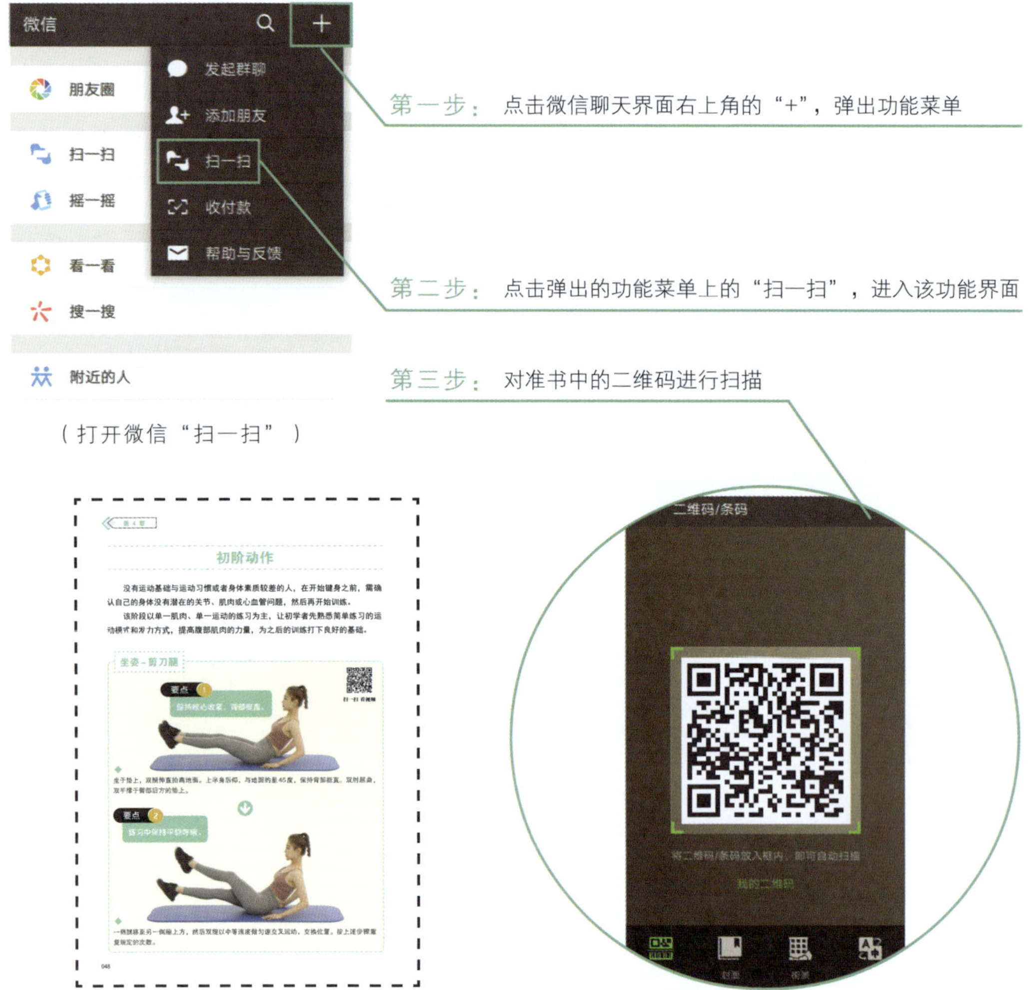


（打开微信“扫一扫”）

（通过微信“扫一扫”扫描书中的二维码即可观看）

- 如果您已关注微信公众号“人邮体育”，扫描后可直接观看与该动作练习对应的在线视频。
- 如果您未关注微信公众号“人邮体育”，扫描后会出现“人邮体育”的二维码，请根据说明关注“人邮体育”，并点击“资源详情”，即可观看视频。

# 目录

## 第5章　腹部放松动作

# 认识马甲线

◆ Chapter One ◆

# 腹部肌肉基础知识

腹部肌肉位于胸廓下缘与骨盆之间，前侧由腹直肌、腹内斜肌、腹外斜肌、腹横肌构成。腹直肌位于正中线两侧的腹直肌鞘中，一侧的腹直肌收缩可以使脊柱向同侧侧屈，两侧的腹直肌同时收缩可以使骨盆后倾、脊柱前屈，同时还可以下拉肋骨辅助呼气。

腹外斜肌是位于腹部前外侧的浅层肌肉，肌纤维从外上方向前内下方走行。在上固定的情况下（如上背部贴地，试图移动处于空中的双腿时），单侧的腹外斜肌收缩可以使骨盆和脊柱向同侧回旋和侧倾（屈），而双侧腹外斜肌同时收缩时，则可以让骨盆后倾；在下固定的情况下（如坐在地上，试图移动上半身时），单侧的腹外斜肌收缩可以使脊柱向同侧侧倾，向对侧回旋，双侧腹外斜肌同时收缩则可以使脊柱前屈。

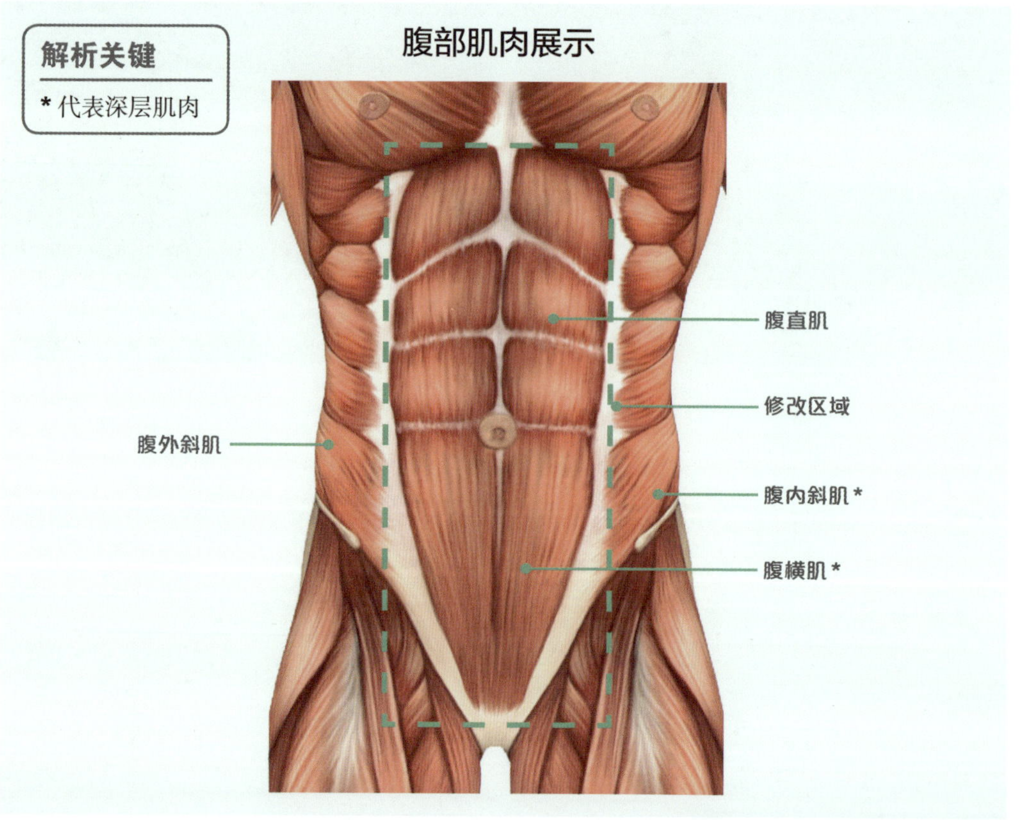

腹内斜肌是位于腹外斜肌深层的肌肉，肌纤维从外下方向前内上方走行。在上固定的情况下（如上背部贴地，试图移动处于空中的双腿时），单侧的腹内斜肌收缩可以使骨盆和脊柱向对侧回旋，向同侧侧倾（屈），而双侧腹内斜肌同时收缩时，则可以让骨盆后倾；在下固定的情况下（如坐在地上，试图移动上半身时），单侧的腹内斜肌收缩可以使脊柱向同侧侧倾和回旋，双侧腹内斜肌同时收缩则可以使脊柱前屈。

腹横肌是位于腹内斜肌深层的肌肉，肌纤维的走向与脊柱垂直。它的主要功能是与其他腹肌协同收缩，增加腹腔压力，协助完成咳嗽、呕吐、排泄等生理功能。

腹直肌与腹内斜肌、腹外斜肌的交界处，就是我们平时看见的“马甲线”。

## 锻炼腹部肌肉的好处

练出轮廓分明的腹肌不仅是为了外观好看，更重要的是为了身体健康，那么锻炼腹肌究竟有哪些好处呢？

### 提高运动成绩

腹肌在任何需要快速奔跑或上身扭转的运动（网球、高尔夫等）中都至关重要。通过锻炼可以增强核心稳定性，提高核心力量与耐力，从而提高运动成绩。

### 保护脊柱

腹肌与腰部肌肉平行，能够支撑脊柱。薄弱的腹肌和过多的腹部脂肪堆积会增加腰部负重，甚至引起腰部肌肉代偿。增强腹部和腰部肌肉的力量能有效缓解和防止腰部疼痛。强壮的腰腹肌肉则有利于稳定脊柱，以降低受伤的可能性。

### 改善消化系统

腹部运动有利于食物通过消化道，可以加快身体新陈代谢的速度，防止胀气和便秘。

### 降低患病风险

适当锻炼腰腹肌肉可增强心肺功能，提高抵抗力，避免肥胖，降低患高血糖、高血脂的概率，预防糖尿病等慢性疾病，保持身体健康。

# 练出马甲线的秘诀

现代社会中越来越多的女性在塑造苗条身体的同时，开始追求塑造健康、紧致的肌肉线条，其中十分受女性追捧的便是马甲线。

不少女性朋友其实也有尝试过马甲线的练习，但是总是无功而返或效果甚微。马甲线的练习不应该靠蛮力，而应该懂得原理，了解技巧，才能事半功倍。

如果我们想知道马甲线具体指的是什么，首先应该对腹部肌肉的解剖结构和功能有一定的了解。

## 减脂训练

体脂是指人体内脂肪的总量，一般用体脂率来反映人体内脂肪含量的多少。健康的成年男性体脂率范围是12%~18%，成年女性则为18%~25%。体脂率过高或过低都不利于健康，若体脂率高于正常范围的20%，则可判定为肥胖，若低于体脂率范围的最低标准，即男性低于12%，女性低于18%，则会出现功能系统失调等症状，影响身体健康。

当身体的体脂率过高，同时腹部的脂肪也过多时，脂肪就会掩盖腹部肌肉原本的线条。对于肥胖人群来说，直接进行腹部的力量训练是很难练出马甲线的，因此，要先降低体脂率，才能更快地练出马甲线。而本身体脂率就不高的女性，可以直接进行腹部的力量训练。

一般情况下，成年女性的体脂率达到20%及以下，身体的马甲线轮廓就会明显显现出来。所以，低体脂率是拥有马甲线的基础条件。

## 力量训练

想要练出马甲线，应主要针对腹直肌、腹内斜肌和腹外斜肌进行力量练习。力量训练能够刺激肌肉增长。肌肉含量增加不但可以让身体更有“线条感”，还可以提高身体的基础代谢。同时，力量训练还可以加强核心肌群的力量，使身体在运动中更加稳定，以此减少运动损伤的概率。

## 有氧训练

有氧运动是减脂最好的方法之一，如果体脂率过高，持续有规律的有氧运动是非常有必要的，如果长期坚持锻炼，体脂率会保持得更好。可以选择快走、慢跑、骑行、游泳等有氧练习来进行减脂。待身体逐渐适应现阶段训练强度后，可以适当提高训练强度或者改变运动方式。

# 有氧运动计划

◆ Chapter Two ◆

# 跑步

**跑步是一项男女老少皆宜的全身运动。跑步不仅能够降低体脂率，提高身体的协调能力，促进血液循环，提升身体健康程度，还可以愉悦身心，缓解压力，促进心理健康。**

## 跑步方法

想要跑得好，方法很重要。掌握正确的跑步方法，你才能更好地通过跑步锻炼身体，收获健康。

### 跑前热身

跑步前要适当活动紧张的肌肉，做一些热身活动。热身主要是利用动态拉伸使身体各器官、系统迅速进入兴奋状态。

### 跑步姿势

跑步时躯干要微微前倾，手肘弯曲，保持自然放松状态，可以根据习惯选择后跟或者前脚掌落地。跑步过程中，尽可能保持速度恒定。为避免冷空气对呼吸道造成强烈不适感，在用口进行呼气的时候，用舌头抵住上腭，增加吸入空气的温度和湿度，或者使用鼻吸口呼的呼吸方式。

### 跑步训练

- 间歇冲刺跑

间歇冲刺跑是一个典型的高强度间歇性训练（High-intensity Interval Training，HIIT）范例，它可以用更短的跑步时长达到更好的减脂效果。例如，先冲刺跑1分钟，然后再慢跑2分钟回到起点位置，休息1~2分钟后，再重复进行训练，每次运动时间保持在30分钟左右，频率为3次/周。

• 上坡慢跑

相对于平地上的慢跑来说，上坡慢跑更有利于减脂，并且能更好地锻炼肌肉。慢跑过程中的坡度越大，对臀部肌肉和腿部后侧肌肉的刺激也就越大。

• 变速跑

跑步减脂并不是一味地匀速跑，利用结合各种跑法，例如快跑、慢跑、冲刺跑、原地跑等的变速跑，使身体适应不同强度的刺激，会使减脂效果更加显著。

### 跑后拉伸

跑完千万不要马上停下来休息，应继续慢走几百米，让身体的各个部位慢慢放松下来，待身体放松后，再做一些腰、腹、腿、臂的静态拉伸，目的是放松肌肉，使肌肉线条变得纤长，同时缓解酸痛，加快新陈代谢。

## 跑步计划

最佳的跑步计划应该是根据不同配速进行训练。普通跑者的训练时间不同于专业的运动员，需要在日常训练中通过加速来弥补训练量不足的情况。所以普通跑者应适度训练，防止增加身体负担，避免影响跑者的正常生活与工作。

以下表格针对不同耐力水平的跑者，制订了配速参考标准，以便每位跑者找到适合自己的速度。

不同耐力水平跑者间歇跑的合理配速

| 5千米成绩 | 10千米成绩 | 间歇跑配速 | 上坡慢跑配速 | 变速跑配速 |
|---|---|---|---|---|
| ≥30分 | ≥63分 | 2分22秒/400米 | ≥7分27秒~8分14秒/千米 | 67秒/200米 |
| 27~30分 | 56~63分 | 2分05秒/400米 | 6分36秒~7分21秒/千米 | 58秒/200米 |
| 24~27分 | 50~56分 | 1分52秒/400米 | 5分56秒~6分38秒/千米 | 52秒/200米 |
| 21~24分 | 43~50分 | 1分38秒/400米 | 5分12秒~5分51秒/千米 | 45秒/200米 |
| 19~21分 | 39~43分 | 1分30秒/400米 | 4分43秒~5分19秒/千米 | 42秒/200米 |

# 游泳

游泳作为有氧运动项目之一，参与者的年龄跨度可以很大，从儿童到老人皆可。游泳不仅可以锻炼人体四肢的灵活度，还能够提高人体的平衡力，达到减脂的效果，塑造完美的体形。

## 游泳方法

游泳是一项在水中的运动，想要较好地完成就必须对游泳的流程有一定的了解，这样才有利于游泳的学习。

### 入水前热身

入水之前做一些体操和各个部位的伸展运动，可有效地提高身体各部分的机能，使神经兴奋，增强活动能力，还能有效地避免受伤。

### 熟悉水性

人在初次入水时都会有恐水的心理，想要熟悉水性，除了要了解水的特性外，还要多与水接触，充分体会在水中的乐趣，慢慢地去适应。可以用淋浴、以脚打水、水中站立行走、借助漂浮板等方式来熟悉水性。

### 动作要领

游泳时向前推进身体的力量被称为“推力”。身体可以通过不同的运动方式来获得这种推力，最终形成了四种泳姿，并可进一步分为“仰泳和自由泳”“蛙泳和蝶泳”两大类。

仰泳和自由泳主要是通过手部的抱水动作来得到推力，因此被称为“划水类泳姿”。蛙泳和蝶泳则是身体面向正面、通过左右对称的动作来得到推力，因此被称为“频率类泳姿”。虽然被分为不同类型，但是它们都是通过手与腿的动作来得到推力。因此，正确的游泳动作中，手和腿应能很明显地感受到水的阻力。

虽然手与腿的动作在各种泳姿中都是不同的，但是其应用方法基本相同。如果只是冒失地去活动，是很难向前推进的。因此，把抱住的水高效率地转化为推力是很重要的。

## 游泳计划

常见的游泳姿势一般有蛙泳、自由泳（爬泳）、蝶泳和仰泳四种。蛙泳姿势比较优美，自由泳速度较快，蝶泳的爆发力较强，仰泳则是较省体力。

要想通过游泳来达到塑身的效果，就要制订一个科学合理的减脂计划。

### 游泳时间

利用游泳减脂时，要确保每日的游泳时长在30分钟以上，一般建议时长为45~60分钟。运动时，体内的糖类、蛋白质和脂肪会共同为身体供能，而游泳时长在30分钟以上，体内脂肪的供能占比达到最高值，此时再继续进行练习就可以达到最好的减脂效果。但若运动超过60分钟，身体会过多地消耗蛋白质，脂肪供能占比减少，减脂效果较差。因此，游泳时间一般建议为每天45~60分钟较佳。

### 游泳频率

将游泳频率保持在每周三次以上即可。在保证每天身体精力充沛，时间也充足的情况下进行游泳训练，是可以保持这一频率的；但如果时间不那么充足或发现在训练后的几天身体出现了乏累的情况，则可以穿插着一天休息。

### 游泳方式

快速短距离游泳消耗的热量多。练习者可以采取一段慢游、一段快游，或是两段慢游接两段快游的游泳方式。在进行分时段练习时，可以将游泳分为四段：先游一个来回，休息15~30秒；再游两个来回，休息30秒；接着游两个来回，休息片刻；最后游一个来回。在每一段的结尾可以进行快游。

### 泳姿选择

蝶泳作为四种泳姿中爆发力最强的泳姿，在消耗体力和热量方面也是最高的。练习者要根据自身能力来进行蝶泳的训练，如果身体能够承受蝶泳练习的消耗，则可以较快地达到减脂的目的；如果不能，那就选择自己喜欢的泳姿。

### 搭配力量练习

在进行游泳训练的同时增加一些力量训练，可以起到更好的减脂作用。力量训练可以增强我们的肌肉，从而提高基础代谢。基础代谢就是人体器官组织等为了维持生命运行而消耗的最低热量。因此，基础代谢越高，人在休息状态下的能量消耗也就越大。

# 跳绳

跳绳可以在短时间内迅速提升燃脂效率，并减少肌肉流失，将身体中的肌肉含量保持在较高的水平，提升身体代谢。

跳绳作为一项中低强度的有氧运动，它的燃脂效率是很高的。数据表明，10分钟频率为140次/分钟跳绳的运动效果，相当于慢跑30分钟。跳绳不受气候影响，且能够动员全身肌肉，起到很好的锻炼作用。

## 跳绳方法

跳绳虽是一项能够快速减脂的运动，但该运动会使膝关节承受较大的压力，并不适合所有人群，体重较大、老年人、骨质疏松者、静脉曲张患者及膝关节旧伤未愈患者都不适合进行这类对下肢产生较大冲击力的运动。

### 跳绳的选择

初学者在挑选跳绳时，不要使用较重的跳绳，避免增加手臂和关节的负荷。跳绳长度的调节方法：双手握住跳绳把手，双脚并拢踩在跳绳中间位置，这时双手抬起的高度在腹部最佳。

### 跳前热身

跳绳前，针对关节进行热身，比如充分活动肘、腕、膝、踝等关节。

### 跳绳姿势

跳绳时要利用前臂和手腕发力挥动绳子，跳起时脚的腾空高度距地面5厘米左右即可；落地时双脚的前脚掌着地，以缓冲落地的冲力，保护膝关节不受损伤。

### 跳后拉伸

跳绳结束后，要对身体各部位进行充分拉伸。尤其是腿部肌群的拉伸，例如股四头肌拉伸、腿部内收肌拉伸、小腿后侧拉伸等，让腿部肌肉放松，缓解疲劳。

# 跳绳计划

跳绳除了可以加强有氧健身水平，消耗脂肪，还是一个全身性的练习。它对上下肢肌肉都能起到锻炼的作用，同时还能够提升四肢的协调能力和肌肉耐力。下面我们就针对初级跳绳训练和高级跳绳训练两方面来讲解训练计划。

## 初级跳绳训练计划

在初级跳绳计划中，可先设定一个“小目标”，例如进行20秒的连跳，期间不中断。稍做歇息后，再进行20秒的连跳。过程中保持正确的跳绳姿势和稳定的节奏，不必刻意地去提高运动强度。在进行间歇跳的时候，如果体力不支，可以适当地停下来休息一下，以确保动作的标准。在逐渐适应这一强度后，可以延长连跳时长，缩短休息时长。例如，连续跳时间递增为1分钟、2分钟、3分钟，间歇时间递减为3分钟、2分钟、1分钟。

| | |
|---|---|
| **训练难度** | 难度根据自身情况进行自由调整，初期可将难度降低，具有一定运动基础和体能后再逐渐提高难度 |
| **运动时间** | 初期的锻炼时间为20秒一组；适应这一强度后可以将锻炼时间调整为1分钟一组；之后再依次延长锻炼时间 |
| **间歇时间** | 初期的间歇时间与锻炼时间的比例为1：1，在难度逐渐提升后，可适当缩短间歇时间，以提升运动强度 |

## 高级跳绳训练计划

跳绳的变式有很多种，当熟悉了一种跳绳方式后，可以通过变式动作来进行锻炼，例如单腿跳绳、双臂交叉跳等，数量可以相对于普通跳绳方式减少一些，例如200个普通跳绳变为100个花样跳绳。

# 跑台阶

跑台阶练习是一项针对下肢肌肉和心肺功能的有氧运动，能够增加人体的爆发力。这项运动可以由练习者自由掌控动作幅度，对人体膝关节产生的作用力是人体自身重量的3~4倍，因此体重较大的人不宜进行该练习。

## 跑台阶方法

跑台阶可以瘦腿，不过需要长期坚持，并且需要掌握正确的方式，避免运动之后使肌肉增大。另外，跑台阶也要根据自身的实际情况量力而行。

### 热身动作

在训练前重复2~3次的动态热身后，进行5~10分钟的慢跑，然后再进行动态拉伸使身体放松，如下蹲抬臂、体侧屈等动作。

### 正确姿势

身体面向台阶站立，让上身基本保持一条线，两肩放平，目视前方。脚尖朝向正前方，踩踏台阶时将整个脚掌放在台阶上；手可以扶住台阶两侧的扶手；如果没有扶手，就将双手自然微屈在身体两侧，保持身体平衡。运动过程中尽可能放松，不要过度用力；同时也不要过于依赖台阶扶手，避免出现身体动作不协调，从而影响最终的锻炼效果。

### 运动后放松

在进行跑台阶训练后，对下肢的肌肉进行静态拉伸，缓解疲劳。

# 跑台阶计划

跑台阶结合了跑、跳两种运动，运动量也远高于这两项运动。初次接触跑台阶练习的朋友，在练习时可以适当放慢运动节奏，当可以完全掌控身体平衡时，逐渐加快运动速率。当动作节奏加快时，要避免为了保持运动速度，而刻意加大臀部左右摆动的幅度。

## 间歇跑台阶法

这一方法主要针对初学者。刚开始时，可以用1：1的运动：间歇时间比进行练习（如跑台阶3分钟，休息3分钟）；之后随着能力的提高，逐渐增加练习的时长，缩短间歇时长。

## 循环跑台阶法

这一方法是针对处于低楼层、身体素质较差的人群。将跑台阶练习时间逐渐延长，循序渐进地锻炼，使身体逐渐适应，避免出现应激损伤。

## 反跑台阶法

这一方法是针对进行前两种锻炼一段时间后，有一定基础且体重较轻的人群。

计划：手扶着台阶的扶手，背对着台阶，慢慢地向上跑台阶，逐渐熟悉动作模式后，再加快运动节奏。

安全提示：要确认好台阶再迈腿，避免踩空受伤。

# 健步走

健步走是介于跑步和走路之间的运动。健步走不仅能够提高人体自身免疫力，还能缓解运动后的过度劳累和精神不济，起到使身心舒畅的作用。不过需要我们每次运动至少在30分钟以上才会有效果。

## 健步走方法

健步走属于健身运动，虽然看起来简单，但也有一定的技术要领。掌握要领，才能获得最佳的效果。

### 准备装备

健步走是一项不需要特殊工具的运动，但是需要大家认真准备运动鞋。如果鞋子不合脚，就会有受伤的危险。另外，在健步走的过程中，要保证足量的饮水（可以喝一些含盐或含糖的功能饮料），避免身体中的水分和糖分流失过多，造成身体不适。

### 走前热身

为了得到更好的锻炼效果，在健步走前需要进行热身，着重预热双臂和下肢，活动身体各部位的关节，预防运动损伤。

### 正确姿势

在健步走的时候，双肩平行，上身保持稳定，挺胸，背部保持直立；视线向前，注视远方，同时核心肌群用力，大腿向前迈出。迈步时脚后跟先着地，同时双手大幅度自然前后摆动。

### 走后拉伸

与其他运动一样，在健步走结束后，拉伸肌肉这一步骤是非常重要的。练习者需要通过拉伸下肢肌肉来改善肌肉的紧绷感和充血现象。

## 健步走计划

健步走这项运动除了要保持强度和速度以外，还要持续一定的时间才会有效果。练习者要根据自己的身体状况来调整强度、速度和持续时间，只有这样才能有效提高心肺功能，达到健身的目的。

### 健步走速度

健步走的速度可分为慢速走、中速走、快速走和极速走四种形式。其中慢速走的频率为70~90步/分钟，中速走为90~120步/分钟，快速走为120~140步/分钟，极速走则为每分钟140步以上。选择适合自己的速度，然后开始循序渐进地练习。

### 健步走距离、时间

在刚开始进行健步走时，可以先将健步走的路程设定为3~4千米，行走时间为25~30分钟，待身体适应这一强度后，再逐渐延长行走路程和时间。身体状况稍差或更佳的人群，可以适当减少或增加路程、时间，降低或提高速度。行走过程中要控制行走速度，心率控制在最大心率的75%~80%（为130~160次/分钟），避免身体负荷过大，造成损伤。

# 力量训练计划

◆ Chapter Three ◆

# 初级训练计划

初级训练应本着劳逸结合、以基础训练为主的原则，循序渐进地进行超负荷训练。初级训练计划中建议每周进行两次力量训练，并且两次训练之间的间隔应大于48 小时，给予肌肉充分的恢复时间，以便提高身体适应性。

注意：在月经期间应尽量避免涉及腹部肌肉发力的练习，以免腹压升高，对子宫造成负面影响。

## 训练计划 1

<table>
<tr><th>时间</th><th>周一</th><th>周二</th><th>周三</th><th>周四</th><th>周五</th><th>周六</th><th>周日</th></tr>
<tr><td rowspan="6">动作名称</td><td>激活</td><td rowspan="10">休息</td><td rowspan="10">休息</td><td>激活</td><td rowspan="10">休息</td><td rowspan="10">休息</td><td rowspan="10">休息</td></tr>
<tr><td>仰卧－直腿举腿<br>四点支撑</td><td>仰卧－直腿举腿<br>四点支撑</td></tr>
<tr><td>训练</td><td>训练</td></tr>
<tr><td>坐姿－剪刀腿<br>仰卧－脚蹬车<br>V形对抗支撑<br>仰卧－上背部抬起－叠腿收腿<br>单腿－两头起<br>L形卷腹<br>肘碰膝－卷腹<br>侧向卷腹</td><td>坐姿－剪刀腿<br>仰卧－脚蹬车<br>V形对抗支撑<br>仰卧－上背部抬起－叠腿收腿<br>单腿－两头起<br>L形卷腹<br>肘碰膝－卷腹<br>侧向卷腹</td></tr>
<tr><td>放松</td><td>放松</td></tr>
<tr><td>坐姿－过顶侧向拉伸<br>腹内斜肌拉伸</td><td>坐姿－过顶侧向拉伸<br>腹内斜肌拉伸</td></tr>
<tr><td>组数</td><td>3组</td><td>3组</td></tr>
<tr><td>次数</td><td>6次</td><td>6次</td></tr>
<tr><td>间歇时间</td><td>1分钟</td><td>1分钟</td></tr>
<tr><td>运动强度</td><td>75%$VO_2max$</td><td>75%$VO_2max$</td></tr>
</table>

激活

见52页
仰卧－直腿举腿

见69页
四点支撑

见60页
仰卧－脚蹬车

训练

见48页
坐姿－剪刀腿

见76页
V形对抗支撑

见71页
仰卧－上背部抬起－叠腿收腿

见73页
单腿－两头起

见122页
侧向卷腹

见86页
肘碰膝－卷腹

见77页
L形卷腹

放松

见133页
坐姿－过顶侧向拉伸

见132页
腹内斜肌拉伸

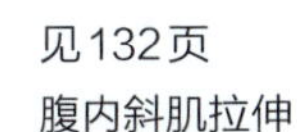

## 训练计划2

| 时间 | 周一 | 周二 | 周三 | 周四 | 周五 | 周六 | 周日 |
|---|---|---|---|---|---|---|---|
| 动作名称 | **激活**<br>仰卧－交替－直腿抬腿<br>侧向平板支撑<br>**训练**<br>坐姿－腹部旋转<br>仰卧－紧缩卷腹<br>卷腹－膝碰肘<br>V形对抗支撑<br>仰卧－举腿<br>仰卧－伸腿<br>仰卧－上背部抬起－交替抬腿<br>L形触脚踝<br>**放松**<br>侧腹部拉伸 | 休息 | 休息 | **激活**<br>仰卧－交替－直腿抬腿<br>侧向平板支撑<br>**训练**<br>坐姿－腹部旋转<br>仰卧－紧缩卷腹<br>卷腹－膝碰肘<br>V形对抗支撑<br>仰卧－举腿<br>仰卧－伸腿<br>仰卧－上背部抬起－交替抬腿<br>L形触脚踝<br>**放松**<br>侧腹部拉伸 | 休息 | 休息 | 休息 |
| 组数 | 3组 | | | 3组 | | | |
| 次数 | 6次 | | | 6次 | | | |
| 间歇时间 | 1分钟 | | | 1分钟 | | | |
| 运动强度 | 75%$VO_2max$ | | | 75%$VO_2max$ | | | |

激活
见121页
仰卧－交替－直腿抬腿
见74页
侧向平板支撑
见59页
仰卧－紧缩卷腹
训练
见49页
坐姿－腹部旋转
见55页
卷腹－膝碰肘
见76页
V形对抗支撑
见58页
仰卧－举腿
见56页
仰卧－伸腿
见64页
仰卧－上背部抬起－交替抬腿
见78页
L形触脚踝
放松
见131页
侧腹部拉伸

## 训练计划3

| 时间 | 周一 | 周二 | 周三 | 周四 | 周五 | 周六 | 周日 |
|---|---|---|---|---|---|---|---|
| 动作名称 | **激活**<br>站姿－转体<br>站姿－膝碰肘<br>**训练**<br>仰卧－宽姿收腿<br>俯撑－摸肩<br>仰卧－交替抬腿<br>仰卧－交替摸脚跟<br>仰卧－卷腹俄罗斯转体<br>坐姿－振臂<br>坐姿－收腿<br>半蹲－双手伐木<br>提膝－垫步－击掌<br>**放松**<br>下背部屈伸 | 休息 | 休息 | **激活**<br>站姿－转体<br>站姿－膝碰肘<br>**训练**<br>仰卧－宽姿收腿<br>俯撑－摸肩<br>仰卧－交替抬腿<br>仰卧－交替摸脚跟<br>仰卧－卷腹俄罗斯转体<br>坐姿－振臂<br>坐姿－收腿<br>半蹲－双手伐木<br>提膝－垫步－击掌<br>**放松**<br>下背部屈伸 | 休息 | 休息 | 休息 |
| 组数 | 3组 | | | 3组 | | | |
| 次数 | 6次 | | | 6次 | | | |
| 间歇时间 | 1分钟 | | | 1分钟 | | | |
| 运动强度 | 75%$VO_2max$ | | | 75%$VO_2max$ | | | |

# 激活

见54页

站姿－转体

见67页

站姿－膝碰肘

见57页

仰卧－宽姿收腿

# 训练

见61页

仰卧－交替抬腿

见87页

俯撑－摸肩

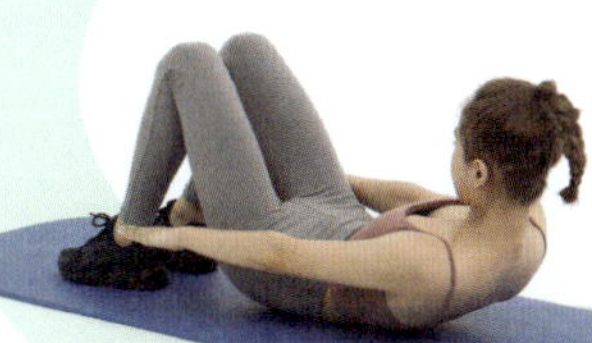

见62页

仰卧－交替摸脚跟

见63页

仰卧－卷腹俄罗斯转体

见50页

坐姿－收腿

见51页

坐姿－振臂

见65页

半蹲－双手伐木

见68页

提膝－垫步－击掌

# 放松

见66页

下背部屈伸

# 中级训练计划

这套训练计划适合拥有一定健身基础的练习者，可以较大幅度提升训练效果。对中级水平练习者来说，可以采用每周3次的训练频率，每次训练应包括腹部主要部位的肌肉，每个部位练1~3个动作。

## 训练计划 1

| 时间 | 周一 | 周二 | 周三 | 周四 | 周五 | 周六 | 周日 |
|---|---|---|---|---|---|---|---|
| 动作名称 | **激活**<br>仰卧－直腿举腿<br>四点支撑<br>**上腹**<br>画圈卷腹<br>仰卧－举腿<br>L形触脚踝<br>**中腹**<br>直臂平板支撑<br>仰卧－单腿屈腿－两头起<br>**下腹**<br>仰卧－脚蹬车<br>**侧腹**<br>俯撑－侧抬腿<br>侧平板支撑－抬臀<br>俯撑－钟摆腿 | 休息 | **激活**<br>仰卧－直腿举腿<br>四点支撑<br>**上腹**<br>画圈卷腹<br>仰卧－举腿<br>L形触脚踝<br>**中腹**<br>直臂平板支撑<br>仰卧－单腿屈腿－两头起<br>**下腹**<br>仰卧－脚蹬车<br>**侧腹**<br>俯撑－侧抬腿<br>侧平板支撑－抬臀<br>俯撑－钟摆腿 | 休息 | **激活**<br>仰卧－直腿举腿<br>四点支撑<br>**上腹**<br>画圈卷腹<br>仰卧－举腿<br>L形触脚踝<br>**中腹**<br>直臂平板支撑<br>仰卧－单腿屈腿－两头起<br>**下腹**<br>仰卧－脚蹬车<br>**侧腹**<br>俯撑－侧抬腿<br>侧平板支撑－抬臀<br>俯撑－钟摆腿 | 休息 | 休息 |
| 组数 | 3组 | | 3组 | | 3组 | | |
| 次数 | 6次 | | 6次 | | 6次 | | |
| 间歇时间 | 1分钟 | | 1分钟 | | 1分钟 | | |
| 运动强度 | 80%$VO_2max$ | | 80%$VO_2max$ | | 80%$VO_2max$ | | |

激活

见52页
仰卧－直腿举腿

见69页
四点支撑

见58页
仰卧－举腿

上腹

见81页
画圈卷腹

见79页
L形触脚踝

中腹

见53页
直臂平板支撑

侧腹

见100页
俯撑－侧抬腿

下腹

见60页
仰卧－脚蹬车

见111页
仰卧－单腿屈腿－两头起

见115页
侧平板支撑－抬臀

见107页
俯撑－钟摆腿

## 训练计划2

| 时间 | 周一 | 周二 | 周三 | 周四 | 周五 | 周六 | 周日 |
|---|---|---|---|---|---|---|---|
| 动作名称 | **激活**<br>仰卧－交替－直腿抬腿<br>侧向平板支撑<br>**上腹**<br>直腿－仰卧起坐<br>**中腹**<br>直腿－卷腹<br>直臂平板支撑<br>**下腹**<br>俯撑－收腿<br>**侧腹**<br>侧卧－直腿抬腿<br>简化俄罗斯转体<br>仰卧－对侧手触脚－侧向卷腹 | 休息 | **激活**<br>仰卧－交替－直腿抬腿<br>侧向平板支撑<br>**上腹**<br>直腿－仰卧起坐<br>**中腹**<br>直腿－卷腹<br>直臂平板支撑<br>**下腹**<br>俯撑－收腿<br>**侧腹**<br>侧卧－直腿抬腿<br>简化俄罗斯转体<br>仰卧－对侧手触脚－侧向卷腹 | 休息 | **激活**<br>仰卧－交替－直腿抬腿<br>侧向平板支撑<br>**上腹**<br>直腿－仰卧起坐<br>**中腹**<br>直腿－卷腹<br>直臂平板支撑<br>**下腹**<br>俯撑－收腿<br>**侧腹**<br>侧卧－直腿抬腿<br>简化俄罗斯转体<br>仰卧－对侧手触脚－侧向卷腹 | 休息 | 休息 |
| 组数 | 4组 | | 4组 | | 4组 | | |
| 次数 | 6次 | | 6次 | | 6次 | | |
| 间歇时间 | 1分钟 | | 1分钟 | | 1分钟 | | |
| 运动强度 | 80%$VO_2max$ | | 80%$VO_2max$ | | 80%$VO_2max$ | | |

激活
见121页
仰卧－交替－
直腿抬腿
见74页
侧向平板支撑
中腹
见92页
直腿－卷腹
上腹
见89页
直腿－仰卧起坐
见53页
直臂平板支撑
下腹
见88页
俯撑－收腿
侧腹
见116页
侧卧－直腿抬腿
见82页
简化俄罗斯转体
见117页
仰卧－对侧手触脚－
侧向卷腹

## 训练计划3

<table>
<tr><th>时间</th><th>周一</th><th>周二</th><th>周三</th><th>周四</th><th>周五</th><th>周六</th><th>周日</th></tr>
<tr><td rowspan="10">动作名称</td><td>激活</td><td rowspan="14">休息</td><td>激活</td><td rowspan="14">休息</td><td>激活</td><td rowspan="14">休息</td><td rowspan="14">休息</td></tr>
<tr><td>俯撑－摸肩<br>仰卧－宽姿收腿</td><td>俯撑－摸肩<br>仰卧－宽姿收腿</td><td>俯撑－摸肩<br>仰卧－宽姿收腿</td></tr>
<tr><td>上腹</td><td>上腹</td><td>上腹</td></tr>
<tr><td>单腿－屈膝卷腹<br>肘碰膝－卷腹</td><td>单腿－屈膝卷腹<br>肘碰膝－卷腹</td><td>单腿－屈膝卷腹<br>肘碰膝－卷腹</td></tr>
<tr><td>中腹</td><td>中腹</td><td>中腹</td></tr>
<tr><td>直臂平板支撑</td><td>直臂平板支撑</td><td>直臂平板支撑</td></tr>
<tr><td>下腹</td><td>下腹</td><td>下腹</td></tr>
<tr><td>仰卧－剪刀腿</td><td>仰卧－剪刀腿</td><td>仰卧－剪刀腿</td></tr>
<tr><td>侧腹</td><td>侧腹</td><td>侧腹</td></tr>
<tr><td>V形收腿转体<br>俯撑－钟摆腿</td><td>V形收腿转体<br>俯撑－钟摆腿</td><td>V形收腿转体<br>俯撑－钟摆腿</td></tr>
<tr><td>组数</td><td>4组</td><td>4组</td><td>4组</td></tr>
<tr><td>次数</td><td>6次</td><td>6次</td><td>6次</td></tr>
<tr><td>间歇时间</td><td>1分钟</td><td>1分钟</td><td>1分钟</td></tr>
<tr><td>运动强度</td><td>80%$VO_2max$</td><td>80%$VO_2max$</td><td>80%$VO_2max$</td></tr>
</table>

## 激活

见87页
俯撑－摸肩

见57页
仰卧－宽姿收腿

见86页
肘碰膝－卷腹

## 上腹

见80页
单腿－屈膝卷腹

## 中腹

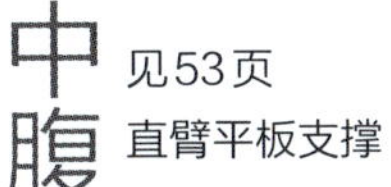

见53页
直臂平板支撑

## 下腹

见94页
仰卧－剪刀腿

## 侧腹

见119页
V形收腿转体

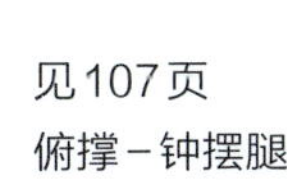

见107页
俯撑－钟摆腿

# 高级训练计划

高级以上水平练习者可采用多个类似动作循环的训练模式，该模式对腹部同一部位的肌肉力量和耐力要求更高，因此，练习者应在练习开始前和结束后认真完成热身和拉伸工作。因为该部分的训练计划难度较大，因此每两次训练之间的时间间隔最好超过48小时，至少应超过24小时。

## 训练计划 1

| 时间 | 周一 | 周二 | 周三 | 周四 | 周五 | 周六 | 周日 |
|---|---|---|---|---|---|---|---|
| 动作名称 | **循环1**<br>仰卧－上背部抬起－叠腿收腿<br>仰卧－收腿卷腹－腿屈伸<br>仰卧－收腿举腿<br>腹内斜肌拉伸<br>**循环2**<br>仰卧－上背部抬起－叠腿收腿<br>俯撑－交替摸脚<br>四点支撑<br>侧腹部拉伸<br>**循环3**<br>单腿－两头起<br>俯撑－交替摸脚<br>西西里卷腹 | 休息 | 休息 | **循环1**<br>仰卧－上背部抬起－叠腿收腿<br>仰卧－收腿卷腹－腿屈伸<br>仰卧－收腿举腿<br>腹内斜肌拉伸<br>**循环2**<br>仰卧－上背部抬起－叠腿收腿<br>俯撑－交替摸脚<br>四点支撑<br>侧腹部拉伸<br>**循环3**<br>单腿－两头起<br>俯撑－交替摸脚<br>西西里卷腹 | 休息 | 休息 | **循环1**<br>仰卧－上背部抬起－叠腿收腿<br>仰卧－收腿卷腹－腿屈伸<br>仰卧－收腿举腿<br>腹内斜肌拉伸<br>**循环2**<br>仰卧－上背部抬起－叠腿收腿<br>俯撑－交替摸脚<br>四点支撑<br>侧腹部拉伸<br>**循环3**<br>单腿－两头起<br>俯撑－交替摸脚<br>西西里卷腹 |
| 组数 | 3组 | | | 3组 | | | 3组 |
| 次数 | 6次 | | | 6次 | | | 6次 |
| 间歇时间 | 1分钟 | | | 1分钟 | | | 1分钟 |
| 运动强度 | 85%$VO_2max$ | | | 85%$VO_2max$ | | | 85%$VO_2max$ |

循环1
见71页
仰卧－上背部抬起－叠腿收腿
见106页
仰卧－收腿卷腹－腿屈伸
见132页
腹内斜肌拉伸
见96页
仰卧－收腿举腿
循环2
见71页
仰卧－上背部抬起－叠腿收腿
见125页
俯撑－交替摸脚
循环3
见73页
单腿　两头起
见131页
侧腹部拉伸
见69页
四点支撑
见125页
俯撑－交替摸脚
见127页
西西里卷腹

## 训练计划2

| 时间 | 周一 | 周二 | 周三 | 周四 | 周五 | 周六 | 周日 |
|---|---|---|---|---|---|---|---|
| 动作名称 | **循环1**<br>仰卧－脚蹬车<br>四点支撑<br>腹内斜肌拉伸<br>**循环2**<br>卷腹－膝碰肘<br>四点支撑<br>侧向卷腹<br>侧腹部拉伸<br>**循环3**<br>四点支撑<br>侧向卷腹<br>下蹲抬臂 | 休息 | 休息 | **循环1**<br>仰卧－脚蹬车<br>四点支撑<br>腹内斜肌拉伸<br>**循环2**<br>卷腹－膝碰肘<br>四点支撑<br>侧向卷腹<br>侧腹部拉伸<br>**循环3**<br>四点支撑<br>侧向卷腹<br>下蹲抬臂 | 休息 | 休息 | **循环1**<br>仰卧－脚蹬车<br>四点支撑<br>腹内斜肌拉伸<br>**循环2**<br>卷腹－膝碰肘<br>四点支撑<br>侧向卷腹<br>侧腹部拉伸<br>**循环3**<br>四点支撑<br>侧向卷腹<br>下蹲抬臂 |
| 组数 | 3组 | | | 3组 | | | 3组 |
| 次数 | 6次 | | | 6次 | | | 6次 |
| 间歇时间 | 1分钟 | | | 1分钟 | | | 1分钟 |
| 运动强度 | 85%$VO_2max$ | | | 85%$VO_2max$ | | | 85%$VO_2max$ |

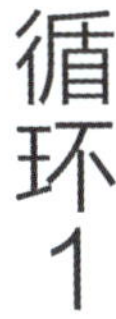


见60页
仰卧 – 脚蹬车

见69页
四点支撑

循环2

见55页
卷腹 – 膝碰肘

见132页
腹内斜肌拉伸

见69页
四点支撑

见122页
侧向卷腹

循环3

见69页
四点支撑

见131页
侧腹部拉伸

见136页
下蹲抬臂

见122页
侧向卷腹

## 训练计划3

| 时间 | 周一 | 周二 | 周三 | 周四 | 周五 | 周六 | 周日 |
|---|---|---|---|---|---|---|---|
| 动作名称 | **循环1**<br>弓步－转体<br>俯撑－转体摸脚<br>腹内斜肌拉伸<br>**循环2**<br>侧平板支撑－膝碰肘<br>三方向卷腹<br>侧腹部拉伸<br>**循环3**<br>死虫动作<br>收腿卷腹－臀桥<br>俯撑－交替摸脚 | 休息 | 休息 | **循环1**<br>弓步－转体<br>俯撑－转体摸脚<br>腹内斜肌拉伸<br>**循环2**<br>侧平板支撑－膝碰肘<br>三方向卷腹<br>侧腹部拉伸<br>**循环3**<br>死虫动作<br>收腿卷腹－臀桥<br>俯撑－交替摸脚 | 休息 | 休息 | **循环1**<br>弓步－转体<br>俯撑－转体摸脚<br>腹内斜肌拉伸<br>**循环2**<br>侧平板支撑－膝碰肘<br>三方向卷腹<br>侧腹部拉伸<br>**循环3**<br>死虫动作<br>收腿卷腹－臀桥<br>俯撑－交替摸脚 |
| 组数 | 3组 | | | 3组 | | | 3组 |
| 次数 | 6次 | | | 6次 | | | 6次 |
| 间歇时间 | 1分钟 | | | 1分钟 | | | 1分钟 |
| 运动强度 | 85%$VO_2max$ | | | 85%$VO_2max$ | | | 85%$VO_2max$ |

## 循环1

见125页
弓步－转体

见126页
俯撑－转体摸脚

## 循环2

见126页
侧平板支撑－膝碰肘

见132页
腹内斜肌拉伸

见84页
三方向卷腹

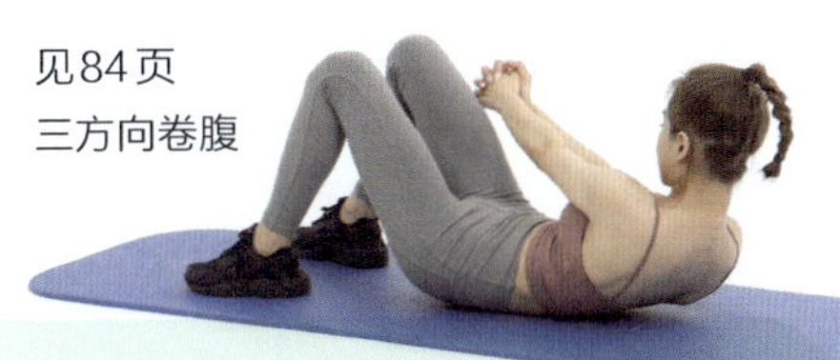

## 循环3

见130页
死虫动作

见131页
侧腹部拉伸

见105页
收腿卷腹－臀桥

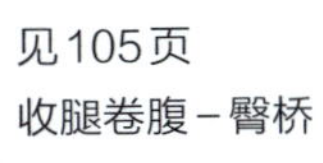

见127页
俯撑－交替摸脚

## 小白入门一周运动计划

| 时间 | 周一 | 周二 | 周三 | 周四 | 周五 | 周六 | 周日 |
|---|---|---|---|---|---|---|---|
| 动作名称 | **激活**<br>仰卧－直腿举腿<br>四点支撑<br>**训练**<br>坐姿－剪刀腿<br>仰卧－脚蹬车<br>V形对抗支撑<br>仰卧－上背部抬起－叠腿收腿<br>单腿－两头起<br>L形卷腹<br>肘碰膝－卷腹<br>侧向卷腹<br>**放松**<br>坐姿－过顶侧向拉伸<br>腹内斜肌拉伸 | 健步走30分钟以上 | **激活**<br>仰卧－交替－直腿抬腿<br>侧向平板支撑<br>**训练**<br>坐姿－腹部旋转<br>仰卧－紧缩卷腹<br>卷腹－膝碰肘<br>V形对抗支撑<br>仰卧－举腿<br>仰卧－伸腿<br>仰卧－上背部抬起－交替抬腿<br>L形触脚踝<br>**放松**<br>侧腹部拉伸 | 跑步20分钟 | **激活**<br>仰卧－宽姿收腿<br>俯撑－摸肩<br>**训练**<br>站姿－转体<br>站姿－膝碰肘<br>仰卧－交替抬腿<br>仰卧－交替摸脚跟<br>仰卧－卷腹俄罗斯转体<br>坐姿－振臂<br>坐姿－收腿<br>半蹲－双手伐木<br>提膝－垫步－击掌<br>**放松**<br>下背部屈伸 | 游泳30分钟以上 | **激活**<br>仰卧－直腿举腿<br>四点支撑<br>**上腹**<br>画圈卷腹<br>仰卧－举腿<br>L形触脚踝<br>**中腹**<br>直臂平板支撑<br>**下腹**<br>仰卧－脚蹬车<br>仰卧－单腿屈腿－两头起<br>**侧腹**<br>俯撑－侧抬腿<br>侧平板支撑－抬臂<br>俯撑－钟摆腿 |
| 组数 | 3组 | | 3组 | | 3组 | | 3组 |
| 次数 | 6次 | | 6次 | | 6次 | | 6次 |
| 间歇时间 | 1分钟 | | 1分钟 | | 1分钟 | | 1分钟 |
| 运动强度 | 75%$VO_2max$ | | 75%$VO_2max$ | | 75%$VO_2max$ | | 75%$VO_2max$ |

## 懒人进阶一周运动计划

<table>
<tr><th>时间</th><th>周一</th><th>周二</th><th>周三</th><th>周四</th><th>周五</th><th>周六</th><th>周日</th></tr>
<tr><td rowspan="10">动作名称</td><td>激活</td><td rowspan="14">跳绳20分钟</td><td>激活</td><td rowspan="14">跑步30分钟</td><td>激活</td><td rowspan="14">游泳30分钟以上</td><td>循环1</td></tr>
<tr><td>仰卧－直腿举腿<br>四点支撑</td><td>仰卧－交替－直腿抬腿<br>侧向平板支撑</td><td>俯撑－摸肩<br>仰卧－宽姿收腿</td><td rowspan="3">仰卧－上背部抬起－叠腿收腿<br>卷腹－腿屈伸<br>仰卧－收腿<br>腹内斜肌拉伸</td></tr>
<tr><td>上腹</td><td>上腹</td><td>上腹</td></tr>
<tr><td>画圈卷腹<br>仰卧－举腿<br>L形触脚踝</td><td>直腿－仰卧起坐<br>直腿－卷腹</td><td>单腿－屈膝卷腹<br>肘碰膝－卷腹</td></tr>
<tr><td>中腹</td><td>中腹</td><td>中腹</td><td>循环2</td></tr>
<tr><td>直臂平板支撑</td><td>直臂平板支撑</td><td>直臂平板支撑</td><td rowspan="3">仰卧－上背部抬起－叠腿收腿<br>俯撑－交替摸脚<br>四点支撑<br>侧腹部拉伸</td></tr>
<tr><td>下腹</td><td>下腹</td><td>下腹</td></tr>
<tr><td>仰卧－脚蹬车<br>仰卧－单腿屈腿－两头起</td><td>坐姿－收腿</td><td>仰卧－伸腿</td></tr>
<tr><td>侧腹</td><td>侧腹</td><td>侧腹</td><td>循环3</td></tr>
<tr><td>俯撑－侧抬腿<br>侧平板支撑－抬臂<br>俯撑－钟摆腿</td><td>侧卧－直腿抬腿<br>简化俄罗斯转体<br>仰卧－对侧手触脚－侧向卷腹</td><td>V形收腿转体<br>V形转体<br>俯撑－钟摆腿</td><td>单腿－两头起<br>俯撑－交替摸脚<br>西西里卷腹</td></tr>
<tr><td>组数</td><td>3组</td><td>3组</td><td>3组</td><td>3组</td></tr>
<tr><td>次数</td><td>6次</td><td>6次</td><td>6次</td><td>6次</td></tr>
<tr><td>间歇时间</td><td>1分钟</td><td>1分钟</td><td>1分钟</td><td>1分钟</td></tr>
<tr><td>运动强度</td><td>80%$VO_2max$</td><td>80%$VO_2max$</td><td>80%$VO_2max$</td><td>80%$VO_2max$</td></tr>
</table>

## 挑战自我高手一周运动计划

<table>
<tr><th>时间</th><th>周一</th><th>周二</th><th>周三</th><th>周四</th><th>周五</th><th>周六</th><th>周日</th></tr>
<tr><td>动作名称</td><td>激活<br>俯撑－摸肩<br>仰卧－宽姿收腿<br>上腹<br>单腿－屈膝卷腹<br>肘碰膝－卷腹<br>中腹<br>直臂平板支撑<br>下腹<br>俯撑－收腿<br>侧腹<br>V形收腿转体<br>V形转体<br>俯撑－钟摆腿</td><td rowspan="5">跑步30分钟</td><td>循环1<br>仰卧－上背部抬起－叠腿收腿<br>仰卧－收腿卷腹－腿屈伸<br>仰卧－收腿举腿<br>腹内斜肌拉伸<br>循环2<br>仰卧－上背部抬起－叠腿收腿<br>俯撑－交替摸脚<br>四点支撑<br>侧腹部拉伸<br>循环3<br>单腿－两头起<br>俯撑－交替摸脚<br>西西里卷腹</td><td rowspan="5">游泳40分钟以上</td><td>循环1<br>仰卧－脚蹬车<br>四点支撑<br>腹内斜肌拉伸<br>循环2<br>卷腹－膝碰肘<br>四点支撑<br>侧向卷腹<br>侧腹部拉伸<br>循环3<br>四点支撑<br>侧向卷腹<br>下蹲抬臂</td><td rowspan="5">跳绳30分钟</td><td>循环1<br>弓步－转体<br>俯撑－转体摸脚<br>腹内斜肌拉伸<br>循环2<br>侧平板支撑－膝碰肘<br>三方向卷腹<br>侧腹部拉伸<br>循环3<br>死虫动作<br>收腿卷腹－臀桥<br>俯撑－交替摸脚</td></tr>
<tr><td>组数</td><td>5组</td><td>5组</td><td>5组</td><td>5组</td></tr>
<tr><td>次数</td><td>6次</td><td>6次</td><td>6次</td><td>6次</td></tr>
<tr><td>间歇时间</td><td>1分钟</td><td>1分钟</td><td>1分钟</td><td>1分钟</td></tr>
<tr><td>运动强度</td><td>85%$VO_2max$</td><td>85%$VO_2max$</td><td>85%$VO_2max$</td><td>85%$VO_2max$</td></tr>
</table>

# 腹部力量训练动作

◆ Chapter Four ◆

# 初阶动作

没有运动基础与运动习惯或者身体素质较差的人，在开始健身之前，需确认自己的身体没有潜在的关节、肌肉或心血管问题，然后再开始训练。

该阶段以单一肌肉、单一运动的练习为主，让初学者先熟悉简单练习的运动模式和发力方式，提高腹部肌肉的力量，为之后的训练打下良好的基础。

## 坐姿－剪刀腿

坐于垫上，双腿伸直抬离地面。上半身后仰，与地面约呈45度，保持背部挺直。双肘屈曲，双手撑于臀部后方的垫上。

一侧腿移至另一侧腿上方，然后双腿以中等速度做匀速交叉运动，交换位置。按上述步骤重复规定的次数。

## 坐姿-腹部旋转

扫一扫 看视频

要点 1

保持腹部收紧，背部挺直，躯干稳定。

坐于垫上，双腿弯曲，双脚和臀部在运动过程不要抬离垫面。上半身略微向后倾斜，保持背部挺直。双肘屈曲，双手扶于头部两侧。

要点 2

全程保持均匀呼吸。

腹斜肌发力，躯干向一侧尽力旋转，然后回到起始姿势，向对侧尽力旋转，再回到起始姿势。重复规定的次数。

## 坐姿-收腿

扫一扫 看视频

坐于垫上，双腿伸直抬离地面。上半身后仰，与地面约呈45度，保持背部挺直。双肘屈曲，双手撑于臀部后方的垫上。

腹肌发力，屈髋屈膝，使大腿贴近躯干并保持片刻，然后慢慢伸直双腿回到起始姿势。重复规定的次数。

## 坐姿-振臂

扫一扫 看视频

坐于垫上，双腿弯曲，双脚和臀部在运动过程不要抬离垫面。上半身略微向后倾斜，保持背部挺直。双臂前伸位于膝关节两侧。

保持躯干稳定，双臂同时向下移动至贴近地面，然后回到起始姿势。重复规定的次数。

## 仰卧-直腿举腿

扫一扫 看视频

要点 1

膝关节保持伸直。

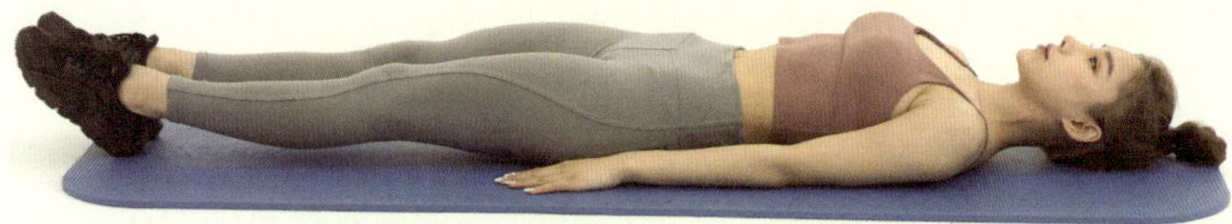

平躺在垫上，双腿伸直并拢。

要点 2

举腿时呼气，复位时吸气。

保持膝关节伸直，先抬起双腿，使双腿与地面垂直，然后向上抬高臀部，使躯干与地面大致呈45度。然后吸气，回到起始姿势。重复以上步骤至规定次数。

## 直臂平板支撑

扫一扫 看视频

**要点 1**

保持肩、髋、踝关节在一条直线上。

俯撑姿，面部朝下，双臂屈肘90度撑地，肘关节在肩关节的正下方，双手十指相扣，置于面部正下方。核心收紧，躯干保持不动，头部和脊柱始终保持中立位。

**要点 2**

全程保持均匀呼吸。

以双脚脚尖和双手为支撑点，将双手置于肩关节下方，核心收紧，保持身体稳定。保持该姿势至一定的时间。

## 站姿－转体

扫一扫 看视频

**要点 1**

全程保持核心收紧，背部挺直。

**要点 2**

注意保持平衡，控制动作速度，不要依靠惯性旋转。

站姿，双脚开立约与肩同宽，背部挺直，双肘屈曲举于胸前，前臂平行于地面，双手握拳相对。

腹斜肌发力，躯干向身体一侧尽力旋转，然后回到起始姿势。换至对侧重复以上步骤至规定次数。

## 卷腹－膝碰肘

◆ 平躺在垫上，双腿伸直并抬离垫面，双臂伸直举过头顶，放在垫上。

◆ 保持双腿悬空，抬起躯干至上身微微后仰的坐姿，双手轻放于头部两侧。

◆ 将左大腿收向躯干，并通过躯干的扭转，让右手肘与左膝相碰，同时右腿伸直蹬出，但仍保持悬空。左右各完成一次为一个完整的动作，完成后有控制地回到平躺的起始姿势。重复上述步骤，完成规定的次数。

◆ 若无法有控制地回到双腿悬空的平躺起始姿势，可在完成一次完整动作后，双手抱住悬空的双膝，向后逐节进行滚动，再原路返回至坐姿，进行左右交替的对侧膝碰肘练习。

## 仰卧 – 伸腿

扫一扫 看视频

平躺在垫上，双腿并拢抬起至大腿与地面垂直，小腿与大腿垂直，双臂伸直自然放在身体两侧，掌心向下。

一侧腿蹬直，与地面呈30度，然后双腿交换位置，两侧腿用这种方式以中等速度做匀速运动。回到起始姿势，按上述步骤重复规定的次数。

## 仰卧－宽姿收腿

扫一扫 看视频

**要点 1**

全程保持核心收紧，下背部紧贴垫面。

平躺在垫上，脚掌心相对，脚跟尽可能靠近臀部，膝关节指向外侧，双手扶在头部两侧，肘关节指向外侧。

**要点 2**

双手避免给予头部过大压力。

腹肌发力卷腹，同时抬起上背部和双腿，肘关节和膝关节相互靠近，在这个过程中呼气。然后吸气，缓慢回到起始姿势。重复以上步骤至规定次数。

## 仰卧 - 举腿

扫一扫 看视频

要点 1

全程保持核心收紧。

平躺在垫上，双腿并拢，屈髋屈膝，与躯干形成“z”形。

要点 2

腿部上举时呼气，还原时吸气。

腹肌发力将臀部向上抬起，同时伸膝伸髋，双脚向上伸展。然后吸气，回到起始姿势。重复以上步骤至规定次数。

## 仰卧-紧缩卷腹

扫一扫 看视频

平躺在垫上，双腿并拢，屈髋屈膝，小腿与地面平行，大腿与地面垂直，双臂在胸前交叉摸对侧肩。

保持双腿稳定，腹肌发力，使躯干向大腿移动，同时呼气。然后吸气，回到起始姿势。重复以上步骤至规定次数。

## 仰卧–脚蹬车

扫一扫 看视频

平躺在垫上，双臂伸直放在身体两侧，双腿屈髋屈膝，一侧大腿与地面垂直，另一侧腿加大屈髋幅度。

双腿交换位置，以中等速度做匀速仰卧蹬车运动。重复以上步骤至规定的次数。

## 仰卧－交替抬腿

扫一扫 看视频

平躺在垫上，双臂伸直放在身体两侧，双腿抬离地面，自然伸直。

腹肌收紧，一侧腿屈髋上抬至与地面呈45度，然后回到起始姿势，同时对侧腿上抬至与地面呈45度。双腿以中等速度做匀速交替抬腿。重复以上步骤至规定次数。

## 仰卧－交替摸脚跟

扫一扫 看视频

要点 1

全程保持核心收紧。

平躺在垫上，双臂伸直放在身体两侧，双腿屈髋屈膝，双脚略窄于肩，全脚掌着地。

要点 2

卷腹时呼气，还原时吸气。

保持下背部贴地，收缩腹部肌肉，抬起上背部，双臂始终保持与地面平行，双手交替去摸同侧的脚后跟。重复规定次数后，回到起始姿势。

## 仰卧－卷腹俄罗斯转体

扫一扫 看视频

**要点 1**

全程保持核心收紧。

平躺在垫上，双手交握放于腹部，双腿屈髋屈膝，略窄于肩，全脚掌着地。

**要点 2**

全程保持均匀呼吸。

收缩腹部，抬起上背部并保持，同时双手交替从大腿外侧向脚的方向伸，重复规定次数后，回到起始姿势。

## 仰卧 – 上背部抬起 – 交替抬腿

要点 1

全程保持核心收紧。

平躺在垫上，双腿伸直并抬起与地面呈30度，双臂伸直放在身体两侧，保持上背部抬起，下颌微收。

要点 2

全程保持均匀呼吸。

将一侧腿抬至与地面呈45度，然后双腿交换位置，两侧腿以中等速度做匀速上下运动。全程保持核心收紧，下背部紧贴垫面。重复规定的次数。

## 半蹲－双手伐木

扫一扫 看视频

**要点 1**

全程保持核心收紧，背部挺直。

**要点 2**

膝关节不要内扣。

直立站姿，双脚分开约与肩同宽，双臂伸直，双手合十，举过头顶，上半身转向一侧。

想象收紧的腹部肌肉将双手向对侧下方拉，至对侧膝关节外侧，同时下蹲。回到起始姿势，换对侧重复同样动作。重复规定的次数。

## 下背部屈伸

扫一扫 看视频

要点 1

头部与躯干保持一条直线，颈部不要过度后伸。

趴在垫上，双腿分开约与肩同宽，双臂伸直自然放在身体两侧，与身体呈30度，掌心向下。

要点 2

在最高处保持时应均匀呼吸。

将躯干抬起至胸部离开地面，在此过程中吸气。在最高处略微保持2~3秒，然后回到起始姿势，同时呼气。重复以上步骤至规定次数。

## 站姿－膝碰肘

扫一扫 看视频

◆

站姿，双脚开立大于肩宽，收紧下颌，双臂自然下垂在身体两侧，双腿伸直，臀部收紧。

**要点 1**

发力时呼气，还原时吸气。

◆

一侧手叉腰，对侧手臂伸直上举过头顶。

**要点 2**

提膝时脚尖朝外。

◆

手臂伸直的同侧膝关节向上提，同时该侧手臂下降并屈肘，使肘关节与提起的膝关节相碰，然后还原。换至对侧重复以上步骤至规定次数。

## 提膝-垫步-击掌

扫一扫 看视频

**要点 1**

膝关节尽量抬高为击掌提供空间。

**要点 2**

上半身挺直，击掌时不要弯腰。

站姿，双脚开立与肩同宽，背部平直，腹部收紧，双臂伸直放在身体两侧。

将一侧大腿尽量抬起，同时支撑腿完成一个小垫步，双手在抬起的大腿下方击掌。换至对侧重复以上步骤至规定次数。

## 四点支撑

扫一扫 看视频

要点 1

收紧腹部，保持背部平直。

身体呈跪俯撑姿势，大腿与地面垂直，脚尖点地，双臂伸直支撑于肩关节正下方。

要点 2

全程保持均匀呼吸。

将膝关节缓慢抬离垫面，呈90度，利用脚尖和双手支撑，保持该姿势直到无法坚持。

## 搭档－跪姿－对抗转体

扫一扫 看视频

要点 1

全程保持核心收紧，背部挺直。

练习者和搭档面对面，间距小于两人臂长的总和，两人均为双膝跪地姿势，头、髋、膝呈一条直线并垂直于地面。练习者双臂伸直前平举，双手掌心相贴，搭档一侧手臂叉腰，对侧手臂伸出并扶住练习者的手。

要点 2

全程保持均匀呼吸。

搭档将练习者的手臂推向其身体一侧，同时练习者腹部肌肉发力对抗搭档施加的力，注意搭档施加的力不宜过大，应根据练习者的能力进行调整。保持该姿势至规定时间。回到起始姿势，换至对侧重复以上步骤至规定时间。

## 仰卧－上背部抬起－叠腿收腿

扫一扫 看视频

要点 1

动作过程中始终保持腹部收紧，使下背部紧贴垫面。

仰卧于垫上，双腿伸直，双脚在踝关节处交叉。腹部收紧，抬起腿部和上背部。双手伸直放于身体两侧，掌心朝下。

要点 2

收腿时呼气，还原时吸气。

保持上背部抬离地面的同时，将大腿拉至身体前，并将腰骶抬离垫子，然后回到起始姿势。重复规定的次数。

## 仰卧－蚌式－侧向卷腹

扫一扫 看视频

**要点 1**

动作过程中始终保持腹部收紧，避免头颈代偿。

仰卧于垫上，旋转骨盆，使一侧腿的外侧贴于垫面，双腿弯曲，双脚叠放在一起，足跟处在脊柱延长线上。处于上侧的膝关节尽量远离垫面，其同侧手放于脑后，对侧手放于腹部。

**要点 2**

躯干屈曲、旋转时呼气，还原时吸气。

腹部肌肉收缩，躯干向下侧腿方向屈曲、旋转至最大幅度，再回到起始姿势，重复规定的次数。

## 单腿－两头起

扫一扫 看视频

**要点 1**

动作过程中始终保持腹部收紧，下背部尽量紧贴垫面。

仰卧于垫上，双腿伸直且平行，脚尖向上。双臂伸直置于头部两侧，掌心向上。

**要点 2**

收腹时呼气，还原时吸气。

腹部肌肉收缩，抬起右腿和上背部，同时双手抱住右膝。然后换另一侧腿重复上述动作，此为一次完整动作。重复规定的次数。

## 侧向平板支撑

扫一扫 看视频

**要点**

动作过程中始终控制身体平衡；保持身体呈一条直线。

侧撑于垫上，用左前臂和左脚支撑，左肘关节位于肩关节的正下方，右脚叠放在左脚上，身体呈一条直线并全程保持稳定，右手可以选择叉在腰上或是伸向天花板（见动作1和动作2）。保持该姿势一定时间，然后换另一侧重复上述动作。

## V形起坐

仰卧于垫上，双腿平行，屈膝屈髋，躯干平躺于垫上的时候尽量让下背部贴于垫面，双手后伸于头部两侧，掌心向上。

保持双腿稳定，腹部肌肉收缩，躯干向上抬起至最大幅度，双臂伸至踝关节两侧，掌心向下，然后回到起始姿势。重复规定的次数。

## V形对抗支撑

扫一扫 看视频

**要点**

动作过程中始终保持腹部收紧，避免头颈代偿。

仰卧于垫上，双腿平行，屈膝屈髋，躯干平躺于垫上的时候尽量让下背部贴于垫面，双手后伸于头部两侧，掌心向上。

在双脚悬空的前提下，抬起上半身。双手放在大腿上，双手与双腿互相发力对抗，保持一定的时间。

## L形卷腹

扫一扫 看视频

仰卧于垫上，双腿并拢伸向天花板，双手放于耳后，掌心向上。

保持双腿稳定，最大幅度地抬起上背部，然后回到起始姿势。重复规定的次数。

## L形触脚踝

扫一扫 看视频

**要点 1**

动作过程中始终保持腹部收紧，避免头颈代偿。

仰卧于垫上，双腿并拢伸向天花板，双手后伸于头部两侧且平行，掌心向上。

**要点 2**

收腹时呼气，还原时吸气。

保持双腿稳定，抬起上背部，同时双手去触摸脚踝，然后回到起始姿势。重复规定的次数。

## 仰卧起坐

扫一扫 看视频

要点 1

全程保持核心收紧。

平躺在垫上，屈髋屈膝，双腿略分开，全脚掌着地，双手扶在头两侧，肘关节指向身体两侧。

要点 2

躯干上抬时呼气，还原时吸气。

腹肌发力卷腹，抬起躯干，在这个过程中呼气，然后吸气，缓慢回到起始姿势。重复以上步骤至规定的次数。

# 中阶动作

该部分的练习会增加更多的旋转，即身体的运动并不是单一的，例如可能同时存在躯干的前屈和侧屈，这样的练习能够锻炼更多的腹部肌肉，因此该部分的练习适合有一定运动基础与运动习惯的人。值得注意的是，所有动作在练习过程中，应以动作质量为主，体会腹部肌肉发力、酸胀的感觉，减少其他不必要肌肉的代偿，提高训练效率。

## 单腿–屈膝卷腹

扫一扫 看视频

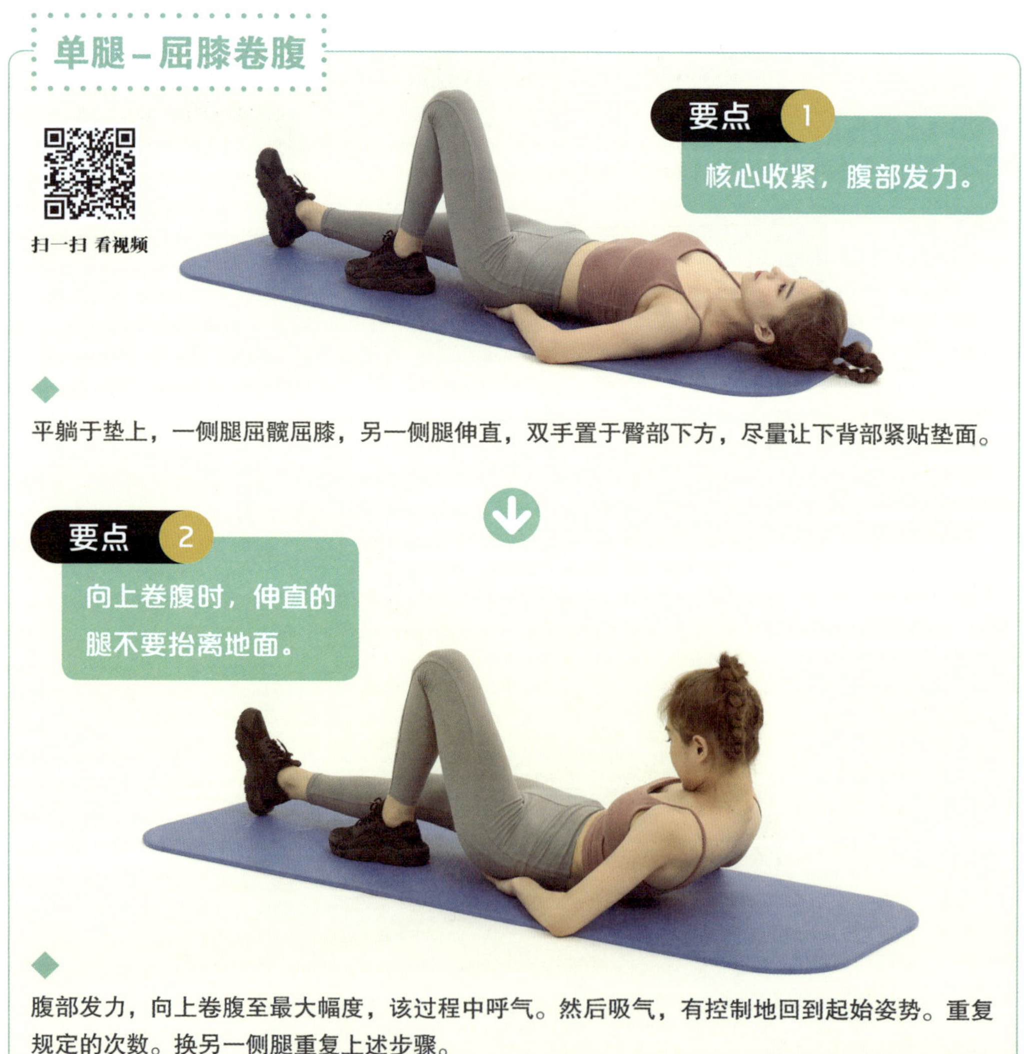


平躺于垫上，一侧腿屈髋屈膝，另一侧腿伸直，双手置于臀部下方，尽量让下背部紧贴垫面。

腹部发力，向上卷腹至最大幅度，该过程中呼气。然后吸气，有控制地回到起始姿势。重复规定的次数。换另一侧腿重复上述步骤。

## 画圈卷腹

扫一扫 看视频

要点 1

注意全程保持身体稳定、核心收紧。

平躺在垫子上，双腿屈髋屈膝，抬起上背部，双手外展置于双耳两侧。

要点 2

全程保持均匀呼吸。

保持上背部抬起，将身体转向一侧，回到起始姿势，再转向另一侧，回到起始姿势。两侧交替进行，完成规定的次数。

## 简化俄罗斯转体

扫一扫 看视频

坐在垫子上，双腿弯曲，双脚脚后跟着地，躯干略微后仰，双手十指交叉放于身体一侧的臀部外面。

躯干左右旋转，带动双臂，使双手在臀部的两侧交替移动。

## 仰卧起坐–手触对侧脚

扫一扫 看视频

平躺于垫子上，躯干和头部保持中立位，双腿分开与肩同宽，一侧手放于脑后，另一侧手伸向天花板。

向上起身坐起时，核心发力，手去触碰对侧的脚，该过程中呼气。然后吸气，回到起始姿势，重复规定的次数。换另一侧重复上述步骤。

## 三方向卷腹

扫一扫 看视频

**要点 1**

保持核心收紧，体会腹部肌肉发力。

平躺于垫上，双腿弯曲，双脚全脚掌着地，双手十指交叉伸向天花板。

**要点 2**

躯干转动时，手臂始终保持伸直状态，在躯干正前方，与躯干同步转动。

核心发力，抬起并旋转上背部，让双手伸向左大腿的外侧，缓慢回到起始姿势。

核心发力，抬起上背部，使双手伸向双腿之间，缓慢回到起始姿势。

**要点 3**

抬起上背部时呼气，还原时吸气。

核心发力，抬起并旋转上背部，让双手伸向右大腿的外侧，缓慢回到起始姿势。完成三个方向的卷腹，重复规定的次数。

## 坐姿－交替收腿

扫一扫 看视频

要点 1

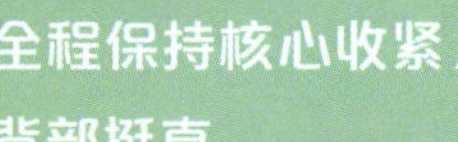

全程保持核心收紧，背部挺直。

坐于垫上，双腿伸直抬离地面，右侧腿屈髋屈膝的幅度更大。上半身后仰，与地面约呈45度，保持背部挺直。双肘屈曲，双手撑于臀部后方的垫上。

要点 2

全程保持均匀呼吸。

将左大腿拉向躯干的同时，伸直右腿，两腿交替进行收腿动作，重复规定的次数。

## 肘碰膝－卷腹

扫一扫 看视频

要点 1
全程保持核心收紧，下背部紧贴垫面。

平躺在垫上，右腿屈髋屈膝，将左脚脚踝放在右大腿靠近膝关节的位置，双手在头部两侧轻扶住耳朵，后背和肩膀贴在垫上。

要点 2
卷腹发力时呼气，还原时吸气。

腹肌发力卷腹，抬起并旋转上背部，让右肘和左膝相互触碰，在这个过程中呼气，然后吸气，缓慢回到起始姿势。重复规定的次数。换至对侧重复以上步骤。

## 俯撑-摸肩

扫一扫 看视频

要点 1
全程保持核心收紧，尽量保持臀部稳定。

俯撑姿，双臂伸直撑在垫上，双手间距略宽于肩，身体挺直，腹部收紧，双脚脚尖撑地。双脚分开的距离越宽，越容易保持身体稳定，练习者可根据自身状况选择双脚之间的距离。

要点 2
全程保持均匀呼吸。

一侧手臂不动，另一侧手臂去摸对侧肩。左右交替，重复规定次数。

## 俯撑-收腿

扫一扫 看视频

**要点 1**

全程保持核心收紧。

◆

俯撑姿，双臂伸直略宽于肩撑在垫上，背部挺直，腹部收紧，双腿伸直并拢，脚尖撑地。

**要点 2**

向前跳时呼气，向后跳时吸气。

◆

双腿同时向前跳跃至臀部下方，然后向后跳跃，回到起始姿势。重复以上步骤至规定次数。

## 直腿仰卧起坐

扫一扫 看视频

平躺在垫上，双腿伸直并拢，双臂伸直举过头顶。

抬起上半身，双臂向前够脚尖，在这个过程中呼气。然后吸气，缓慢回到起始姿势。重复以上步骤至规定次数。

## 站姿 – 转体 – 膝碰肘

扫一扫 看视频

**要点 1** 全程保持核心收紧。

**要点 2** 注意保持平衡。

◆ 站姿，双脚开立约与肩同宽，腰背挺直，双手轻扶在头后。

◆ 躯干向身体右侧旋转并向下弯曲，同时右侧腿屈髋屈膝使膝关节与左肘关节触碰，然后回到起始姿势。换至对侧重复以上步骤至规定次数。

## 拥抱收腿

扫一扫 看视频

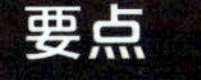


全程保持核心收紧，背部挺直。

坐于垫上，双腿伸直抬离地面。上半身后仰，与地面约呈45度，保持背部挺直。双臂侧平举，模仿拥抱的起始动作。

腹肌发力，抬起上半身并将大腿收至胸前，同时双臂拥抱双腿，然后回到起始姿势。重复以上步骤至规定次数。

## 直腿－卷腹

扫一扫 看视频

要点 1

全程保持核心收紧，下背部紧贴垫面。

平躺于垫上，双腿伸直抬离地面，核心收紧。双臂侧平举，模仿拥抱的起始动作。

要点 2

抬腿时呼气，还原时吸气。

将腿举至与地面垂直，同时双臂尽力向上够脚尖，抬起上背部，然后回到起始姿势。重复以上步骤至规定次数。

## 移动平板支撑

扫一扫 看视频

要点 1

身体保持稳定，全程保持核心收紧。

俯撑姿，双臂伸直略宽于肩撑在垫上，背部挺直，腹部收紧，双腿并拢，双脚脚尖撑地。

要点 2

全程保持均匀呼吸。

一侧手向外侧移动，然后回到原位，另一侧手向外侧移动，然后回到原位。重复以上步骤至规定次数。

## 仰卧－剪刀腿

扫一扫 看视频

平躺在垫上，双腿抬起并交叉，右腿位于左腿下方，双手压在臀部下方，头部抬起看向腿部。

双腿均略向外展，交换位置高度后，再内收交叉，全程以中等速度匀速完成。重复规定的次数。

## 仰卧－踏步

扫一扫 看视频

平躺在垫上，双腿弯曲并抬离垫面，左大腿比右侧更靠近躯干，右手伸向天花板，左臂伸直放在身体旁。

双腿交换位置同时双臂也交换位置，两侧腿及手臂用这种方式以中等速度做匀速仰卧踏步运动。全程保持核心收紧，下背部紧贴垫面。重复以上步骤至规定的次数。

## 仰卧－收腿举腿

**要点 1**

全程保持核心收紧。

平躺在垫上，双腿伸直，双臂伸直放在身体两侧，掌心向下。

将大腿收至腹部正上方，并继续上抬臀部，使下背部离开垫面，同时双腿尽力向上蹬伸，该过程呼气。然后吸气，有控制地原路返回至起始姿势。重复以上步骤至规定的次数。

**要点 2**

腿部上举时呼气，还原时吸气。

## 仰卧－摸膝

扫一扫 看视频

平躺在垫上，屈髋屈膝，双腿分开，全脚掌着地，双手轻放在大腿根部。

腹肌发力卷腹，双手顺着大腿向上移动至膝关节附近，在这个过程中呼气。然后吸气，缓慢回到起始姿势。重复以上步骤至规定的次数。

## 仰卧-两头起

扫一扫 看视频

**要点 1**

全程保持核心收紧，下背部紧贴垫面。

◆ 平躺在垫上，四肢伸直悬空，并分别指向斜外侧。

**要点 2**

在最低点四肢尽量保持悬空。

◆ 腹肌与四肢发力使四肢均向上伸展，此时双腿内收伸直且拢并垂直于地面，双手够向脚，在这个过程中呼气。然后吸气，缓慢回到起始姿势。重复以上步骤至规定的次数。

## 卷腹－膝碰肘

扫一扫 看视频

**要点 1**

全程保持核心收紧，下背部尽量贴近垫面。

平躺在垫上，双腿伸直并抬离垫面，双臂伸直举过头顶，放在垫上。

保持双腿悬空，抬起躯干至上身微微后仰的坐姿，双手轻放于头部两侧。

将左大腿收向躯干，并通过躯干的扭转，让右手肘与左膝相碰，同时右腿伸直蹬出，但仍保持悬空。左右各完成一次为一个完整的动作，完成后有控制地回到平躺的起始姿势。重复上述步骤，完成规定的次数。

**要点 2**

全程保持均匀呼吸。

## 俯撑–侧抬腿

扫一扫 看视频

**要点 1** 全程保持核心收紧，背部挺直。

◆ 俯撑姿，双臂伸直与肩同宽撑在垫上，背部挺直，腹部收紧，双腿并拢，双脚脚尖撑地。

**要点 2** 全程保持均匀呼吸。

◆ 在维持身体稳定的情况下，让一侧膝关节去找同侧的肩关节，然后回到起始姿势。换至对侧重复以上步骤至规定的次数。

## 仰卧－蛙式－卷腹

扫一扫 看视频

要点 

全程保持核心收紧，下背部紧贴垫面。

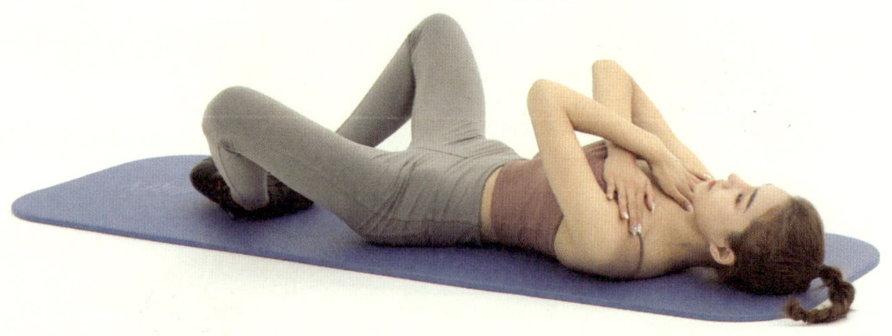

平躺在垫上，双脚脚掌相对，脚跟尽量靠近臀部，双臂交叉放于胸前。

要点 

卷腹时呼气，还原时吸气。

腹肌发力卷腹，直至上背部完全离开地面，在这个过程中呼气。然后吸气，缓慢回到起始姿势。重复以上步骤至规定的次数。

## 收腿卷腹－臀桥

扫一扫 看视频

**要点 1**

全程保持核心收紧。

◆ 平躺在垫上，屈髋屈膝，双腿分开，全脚掌着地，双臂伸直放在身体两侧，掌心向下。

◆ 将双腿拉至身前，并抬起臀部，使骨盆和下背部逐一离地，然后缓慢回到起始姿势。

**要点 2**

卷腹或抬臀时呼气，还原时吸气。

◆ 臀部肌肉收缩发力，抬高臀部，使躯干与地面大致呈45度，然后回到起始姿势。重复以上步骤至规定的次数。

## 仰卧-收腿卷腹-腿屈伸

平躺在垫上，双腿伸直并悬空，双手轻扶头部两侧。

腹肌与大腿发力，屈髋屈膝卷腹，使大腿贴近腹部，在这个过程中呼气。然后吸气，缓慢回到起始姿势。重复以上步骤至规定的次数。

## 仰卧－跷腿两头起

扫一扫 看视频

**要点 1**

不要用肘关节带动躯干，而是核心发力。

平躺在垫上，右腿屈髋屈膝，全脚掌着地，左脚脚踝搭在右腿的大腿上，双手轻扶头部两侧。

**要点 2**

卷腹时呼气，还原时吸气。

抬起上背部和右腿，使大腿与胸部相互靠拢，在这个过程中呼气。然后吸气，缓慢回到起始姿势。重复以上步骤至规定的次数。

## 俯卧–对侧手脚抬起

扫一扫 看视频

**要点 1**

全程保持核心收紧，腹部贴住地面。

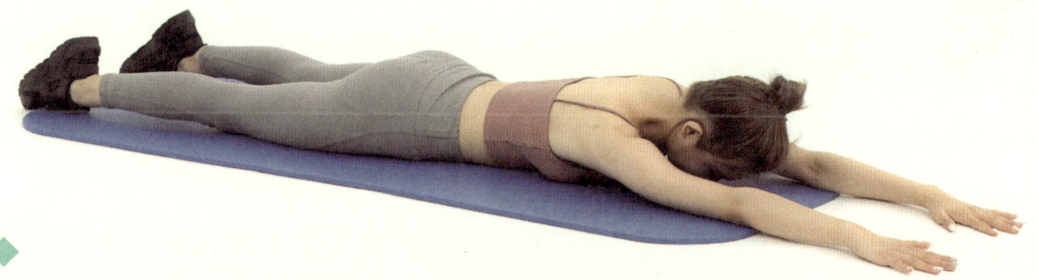

俯卧在垫上，双腿伸直约与肩同宽，双臂伸直举过头顶。

**要点 2**

注意保持平衡。

核心收紧，抬起一侧的手臂和对侧腿，然后回到起始姿势。换至对侧重复以上步骤至规定的次数。

## 仰卧-单腿抬高-爬绳

扫一扫 看视频

**要点 1**

全程保持核心收紧，上爬次数越少，难度越大。

平躺在垫上，双腿伸直并拢，双臂伸直放于身体两侧，掌心向下。

**要点 2**

全程保持均匀呼吸。

抬起一侧腿，使其与垫面垂直，然后逐渐抬起躯干，同时双手抓住抬起的大腿，一点一点向上做攀爬动作，直到到达脚尖或练习者所能达到的最高高度，全程保持另一侧腿不离开垫面。重复以上步骤至规定的次数。换至对侧重复以上步骤。

## 俯撑－钟摆腿

扫一扫 看视频

要点 1

全程保持核心收紧。

以双脚和双手为支撑点，俯撑于垫上，躯干保持挺直，双臂伸直置于肩关节正下方。双脚并拢，脚尖着地。

双腿蹬地，先跳向身体的左前方，然后跳回起始位置，再跳至身体的右前方，最后回到起始位置，此为完成一次完整练习。重复规定的次数。

要点 2

动作过程中始终保持双脚并拢。

## 俯撑－宽距－收腿

扫一扫 看视频

**要点 1**

全程保持核心收紧。

以双脚和双手为支撑点，俯撑于垫上，躯干保持挺直，双臂伸直置于肩关节正下方，双脚并拢，脚尖着地。

**要点 2**

双腿前跳时呼气，还原时吸气。

双脚蹬地，分开向两个手臂的外侧尽力跳跃，然后跳回到起始姿势。重复规定的次数。

## 俯撑－交替抬腿开合跳

**要点 1**

动作过程中，始终保持躯干挺直。

◆ 以双脚和双手为支撑点，俯撑于垫上，躯干保持挺直，双臂伸直置于肩关节正下方，双脚并拢，脚尖着地。

◆ 交替向上抬起两条腿至最高点后，双脚做一次开合跳，此为完成一次完整动作。重复规定的次数。

**要点 2**

抬腿时保证两侧髋部在同一水平线上。

## 动态－平板支撑

扫一扫 看视频

**要点 1**

动作过程中，始终保持躯干挺直。

◆

利用双脚脚尖和双手俯撑于垫上，双脚与肩同宽，双腿伸直，腿与躯干呈一条直线，双手置于肩关节正下方。

**要点 2**

肘关节屈伸时保持身体平衡。

◆

在保持身体稳定的情况下，先让一侧肘关节撑地，再让另一侧肘关节撑地，然后按顺序伸直双臂，回到起始姿势。重复规定的次数。

## 仰卧－单腿屈腿－两头起

扫一扫 看视频

**要点 1**

动作过程中，始终保持腹部收紧，下背部紧贴垫面。

仰卧于垫上，双腿约与髋同宽，屈膝屈髋，脚后跟着地，膝关节和脚尖方向向前。双臂伸直，放于头部两侧，掌心向上。

**要点 2**

收腹时呼气，还原时吸气。

同时抬起上背部和一侧腿，双手去抱住该侧腿的膝关节，然后回到起始姿势，换另一侧腿重复上述动作，完成一次完整动作。重复规定的次数。

## 仰卧－两头起－触腿

扫一扫 看视频

**要点 1**

动作过程中，始终保持腹部收紧，下背部尽量紧贴垫面。

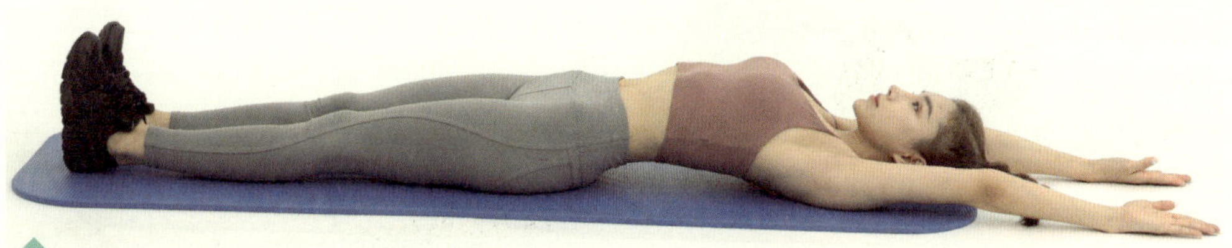

仰卧于垫上，双脚并拢，双腿伸直，双臂伸直，放于头部两侧，掌心向上。

**要点 2**

两头起时呼气，还原时吸气。

同时抬起双腿和上背部，并用双手尽量去触碰小腿的远端，然后回到起始姿势。重复规定的次数。

## 军步 – 臀桥

扫一扫 看视频

**要点 1**

动作过程中，尽量保持膝关节和脚尖方向一致。

仰卧于垫上，双脚与髋同宽，屈膝屈髋，双脚着地，膝关节和脚尖方向向前。双臂伸直放于身体两侧，掌心向下。

**要点 2**

全程尽量保持两侧骨盆水平。

臀部肌肉发力，抬起臀部，使大腿与躯干呈一条直线，并且一侧脚跟离地，用脚尖撑地。同时，保持另一侧腿的膝关节呈90度，抬起大腿，使其与身体垂直。回到起始姿势，然后换另一侧重复上述动作。

## 仰卧－虫式－卷腹

扫一扫 看视频

**要点 1**

动作过程中，始终保持腹部收紧，下背部紧贴垫面。

◆

仰卧于垫上，双腿约与髋同宽，屈膝屈髋，全脚掌着地，且膝关节和脚尖方向向前。双臂伸直放于身体两侧，掌心向下。

**要点 2**

腹部收缩时呼气，还原时吸气。

◆

抬起上背部和左腿，右手轻放于耳后，左手放在腹部，感受腹部肌肉发力。利用躯干扭转，使右肘和左膝相碰。有控制地回到起始姿势，换对侧重复上述动作。重复规定的次数。

## 侧平板支撑–抬臀

扫一扫 看视频

**要点 1**

动作过程中，始终保持身体平衡，使身体呈一条直线。

侧撑于垫上，身体呈一条直线。双腿伸直且并拢，一侧肘关节在肩关节的正下方，另一侧手臂叉腰。

**要点 2**

顶起臀部时呼气，下沉时吸气。

臀部先下沉，再向上顶起，重复规定的次数。然后换另一侧重复上述动作。重复规定的次数。

## 侧卧－直腿抬腿

扫一扫 看视频

**要点 1**

身体在一个平面内侧屈。

侧卧于垫上，身体挺直，头部保持中立位。外侧手放于同侧耳后，另一侧手放于对侧髋部。

**要点 2**

抬腿时呼气，还原时吸气。

腹部侧屈，上抬上背部，同时外侧腿向外展至与同侧肘关节接触，然后回到起始姿势，重复规定的次数，换另一侧重复上述动作。

## 仰卧－对侧手触脚－侧向卷腹

扫一扫 看视频

要点 1

动作过程中，始终保持腹部收紧，下背部尽量贴近垫面。

仰卧于垫上，躯干挺直，双腿伸直打开，双臂水平外展于身体两侧，掌心向上。

要点 2

腹部收缩时呼气，还原时吸气。

同时抬起对侧腿和手臂，让手去够对侧的脚，并且保证另一侧的腿和前臂不离开垫面。然后换另一侧重复上述动作。重复规定的次数。

## 双手合十-V形收腹

扫一扫 看视频

要点 1

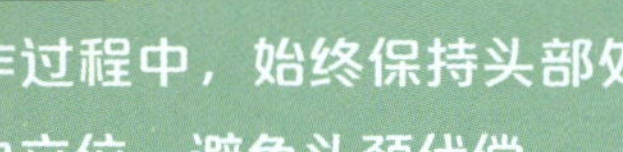

动作过程中，始终保持头部处于中立位，避免头颈代偿。

◆

坐在垫上，双脚并拢，双腿伸直，腿和背部抬离垫子呈一个大“V”字，头部保持中立位，双手外展与躯干在同一平面上，掌心向上。

◆

双手和双脚都掌心相对，同时大腿和躯干相互靠近，然后回到起始姿势。重复规定的次数。

## V形收腿转体

扫一扫 看视频

要点 1

全程保持双腿和躯干不接触垫面。

坐在垫上，双腿伸直并悬空，躯干后仰，双腿和躯干之间的V形角度应尽量大，双手握拳放于腹部两侧。

要点 2

收腹转体时呼气，还原时吸气。

将左大腿收向躯干，同时躯干向右扭转，右手伸出去触碰左踝关节的内侧，然后换对侧重复上述动作至规定的次数。

## 俄罗斯转体

扫一扫 看视频

要点 1
全程保持核心收紧，双腿悬空。

坐在垫上，双腿交叉并拢，略微弯曲，全程保持悬空。躯干后仰，双腿与躯干之间的角度应尽量大。双手交握放于腹部上方。

要点 2
全程保持均匀呼吸。

保持双腿稳定，左右交替扭转躯干，并带动双臂，使双手在身体两侧交替移动。重复规定的次数。

## 人邮体育 — 女性健身图书

### ·健身与力量·

### ·减脂塑形·

### ·瑜伽·

### ·普拉提·

## 仰卧－交替－直腿抬腿

扫一扫 看视频

要点 1

全程保持核心收紧，下背部紧贴垫面。

◆

仰卧于垫上，躯干挺直，双腿伸直，双臂放于身体两侧，掌心向下。

要点 2

抬腿时呼气，还原时吸气。

◆

同时抬起上背部和一侧的腿，使抬起的腿与地面垂直，用双手抱住该侧腿的膝关节，然后保持上背部抬离地面，将腿缓慢放回垫上，再用另一侧腿重复该动作，两侧腿都完成算一次，最后回到平躺的起始姿势。重复规定的次数。

# 高阶动作

该部分比初阶和中阶的练习都要复杂，运动形式更为丰富，因此该部分的练习对于练习者的身体素质和运动能力的要求是最高的。同时，该部分的练习会具有更多的不稳定性，对于关节周围维持关节稳定的小肌群的要求会更高，所以，在最开始进行该部分练习前，应注重动作的质量而非数量，并且一定要遵从“循序渐进”的训练原则。

## 侧向卷腹

身体呈侧卧姿，屈髋屈膝，躯干保持中立位，下侧手臂伸直，垂直于躯干，掌心向下，上侧手臂屈肘，手放于脑后。

腹部发力，使躯干侧向垂直上抬。重复规定的次数，换另一侧重复上述动作。

## 弓步－转体

扫一扫 看视频

双脚前后站位，呈弓步姿势，脚尖朝前，前腿屈膝屈髋成120度，后腿伸直，脚尖撑地，挺胸抬头，目视前方，下颌收紧，两臂前平举，双手掌心相对。

**要点 1**

整个动作过程中注意保持核心收紧。

**要点 2**

全程头部保持中立位，随躯干的旋转而转动。

躯干带动右侧手臂向右侧方向转动，直至最大幅度，回到起始姿势。重复规定的次数，换另一侧重复上述动作。

## 俯撑 - 转体摸脚

扫一扫 看视频

要点 1

全程保持核心收紧，背部挺直。

以双脚脚尖和双手为支撑点俯撑于垫上，双脚和双手之间的距离均与肩同宽，背部挺直，腹部收紧。

要点 2

转体时呼气，还原时吸气。

将左脚从身下移动至身体右侧，躯干和髋部随着左脚的移动而转动，同时右手离地去触碰左脚脚尖，回到起始姿势。换至对侧重复以上步骤至规定的次数。

## 俯撑－交替摸脚

扫一扫 看视频

要点 1

全程保持核心收紧，背部挺直。

俯撑姿，双臂伸直，双手与肩同宽撑在垫上，背部挺直，腹部收紧，双腿分开，双脚脚尖撑地。

要点 2

摸脚时呼气，还原时吸气。

向上抬起臀部，同时一侧手触向对侧脚，然后回到起始姿势。换至对侧重复以上步骤至规定的次数。

## 侧平板支撑－膝碰肘

扫一扫 看视频

**要点 1**

全程保持核心收紧，背部挺直。

侧撑姿，一侧手臂肘关节屈曲90度撑于地面，上臂垂直于地面，同侧脚侧面撑地，腹部肌肉持续收缩，背部挺直。另一侧手臂伸直斜上举，五指张开，掌心向前。

**要点 2**

肘膝相碰时呼气，还原时吸气。

处于上方的手肘和膝关节在身体侧面移动靠拢，去找对方，然后回到起始姿势，重复规定的次数。换至对侧重复以上步骤至规定的次数。

## 西西里卷腹

扫一扫 看视频

**要点 1**

全程保持核心收紧，下背部紧贴于地面。

平躺在垫上，屈髋屈膝，全脚掌着地，双手交握伸向天花板方向。

**要点 2**

卷腹时呼气，还原时吸气。

腹肌发力卷腹，使上背部完全离开地面，同时仍然保持双手伸向天花板，在这个过程中呼气。然后吸气，缓慢回到起始姿势。重复以上步骤至规定的次数。

## 死虫动作

扫一扫 看视频

要点 1

全程保持核心收紧，下背部尽力紧贴垫面。

平躺在垫上，屈膝，全脚掌着地。双臂放于身体两侧，掌心向下。

要点 2

全程保持均匀呼吸。

将一侧腿收向腹部的同时，伸直另一侧腿，使其远离身体，但仍保持悬空。双手位置不变，双腿交替运动至规定的次数。

## 手脚抬起－仰卧扭转

**要点 1**

全程保持核心收紧，下背部尽量贴于垫面。

双腿伸直，平躺在垫上，双臂伸直举过头顶，将双腿和双臂都抬离垫面。

**要点 2**

扭转时呼气，还原时吸气。

保持膝关节伸直，腹部发力，使躯干及四肢同时向身体一侧旋转，至可以控制的最大幅度，然后回到起始姿势。换至对侧重复以上步骤至规定的次数。

# 腹部放松动作

◆ Chapter Five ◆

## 侧腹部拉伸

扫一扫 看视频

**要点 1** 重点体会侧腹部肌肉的拉伸。

**要点 2** 全程保持均匀呼吸。

站姿，躯干保持中立位，双手自然下垂于体侧。

双手伸直至头顶，两掌心相对。将右腿从身体前方跨至左腿左侧，保证双脚平行。向左侧顶髋，同时躯干向右侧伸展至最大幅度，使左侧腹部肌肉有中等强度的牵拉感，保持一定时间。回到起始姿势，换至对侧重复上述动作。

## 腹内斜肌拉伸

扫一扫 看视频

**要点 1**

整个动作过程中，保持双手紧贴地面。

趴在垫子上，双腿屈膝90度，双手侧平举，放于身体两侧，双手掌心向下。

**要点 2**

全程保持均匀呼吸。

保持双手紧贴地面，髋关节带动下肢向一侧摆动至最大幅度，腹部两侧有明显的牵拉感。保持一定的时间，再回到起始姿势，换至对侧重复上述动作。

## 坐姿－过顶侧向拉伸

扫一扫 看视频

要点 1

保持脊柱只进行侧面的屈伸运动。

双脚掌心相对，盘坐于垫上，背部挺直；双臂伸直，双手撑于臀部后方的垫上。

要点 2

全程保持均匀呼吸。

一侧手臂举过头顶并轻轻抱住头部，然后头部带动躯干向对侧侧屈。保持一定的时间后，回到起始姿势，换另一侧重复同样的动作。

## 站姿－侧屈

扫一扫 看视频

**要点 1**

全程保持核心收紧，背部挺直。

**要点 2**

侧屈时呼气，还原时吸气。

站姿，双脚开立，略宽于肩，背部挺直，双手叉腰。

一侧手臂伸直并举过头顶，将该侧手臂和躯干一起向对侧做侧屈运动。回到起始姿势，换至对侧重复以上步骤至规定的次数。

## 腰背部拉伸

扫一扫 看视频

要点 1
膝盖不要弯曲。

要点 2
全程保持均匀呼吸。

站姿，双脚开立，大于肩宽，背部挺直，右手放于脑后，右肘指向外侧，左手叉腰。

躯干从髋关节处开始，向左前方折叠，全程保持背部挺直，直至右侧腰背部有中等强度的牵拉感。保持该姿势至规定时间，然后换至对侧重复以上步骤。

## 下蹲抬臂

扫一扫 看视频

要点 2

另一侧手臂抵住膝关节内侧，防止下肢跟随上身转动。

要点 1

全程保持均匀呼吸。

从双脚间距比肩略宽且双膝朝外的蹲姿开始，双手分别放在双脚上，双肘抵住膝关节内侧，尽量保证背部挺直。

躯干转向一侧，同时该侧手臂伸直向上举，直至该侧腰部外侧肌群有中等强度的牵拉感，保持该姿势至规定时间，然后换至对侧重复以上步骤。

## 背部拉伸

扫一扫 看视频

**要点 1**

全程保持均匀呼吸，同时跟随呼吸的节奏增加拉伸幅度。

**要点 2**

目标部位是背部，若腿后侧有牵拉感可略屈膝。

◆ 站姿，双脚开立约与肩同宽，身体挺直，双手十指交叉放于腹部前方。

◆ 保持背部挺直，躯干从髋关节处开始前倾，同时双臂尽可能向前伸展，直至背部有中等强度的牵拉感，保持一定的时间，然后回到起始姿势。

# 作者简介

付子艺，北京体育大学运动人体科学学士，运动人体科学硕士在读，主修运动生物力学、运动解剖学、运动生理学等课程；曾担任运动人体科学学院女篮队长；获得2019至2020学年北京体育大学国家奖学金；参与编写“儿童身体训练动作指导丛书”和“青少年身体训练动作指导丛书”；2020年9月至2021年2月在国家体育总局训练局体能康复中心实习，为体操、游泳、羽毛球、排球等项目的国家队提供体能测试与训练保障服务。